Horst Bartnitzky
Sprachunterricht heute

Lehrer-Bücherei: Grundschule

Herausgegeben von Horst Bartnitzky und Reinhold Christiani

Horst Bartnitzky

Sprachunterricht heute

Standortbestimmungen des Deutschunterrichts
Ziele — Wege — Unterrichtsanregungen
Beispiele und Arbeitspläne

4., aktualisierte Auflage

Cornelsen
SCRIPTOR

Hinweis zur 4. Auflage:
Die Literaturempfehlungen wurden aktualisiert.
Ebenso wurde der Abschnitt „Zum Schreibenlernen“ (S. 68 ff.) überarbeitet.

Gedruckt auf chlorfrei gebleichtem Papier
ohne Dioxinbelastung der Gewässer.

Die Deutsche Bibliothek - CIP-Einheitsaufnahme

Bartnitzky, Horst:
Sprachunterricht heute / Horst Bartnitzky. —
Frankfurt am Main : Cornelsen Scriptor, 4. Aufl. 1993
(Lehrer-Bücherei: Grundschule)
ISBN 3-589-05010-1

8. 7. 6. 5. 4. Die letzten Ziffern bezeichnen
97 96 95 94 93 Zahl und Jahr des Drucks.

Umschlaggestaltung: Dietrich Kahnert, Berlin
Gesamtherstellung: Hans Kock Buch- und Offsetdruck GmbH, Bielefeld
Vertrieb: Cornelsen Verlag, Berlin
Printed in Germany
ISBN 3-589-05010-1
Bestellnummer 050101

Vorwort

Absicht dieses Buches ist es,

- die *Entwicklungen* zum Deutschunterricht in der Grundschule heute so weit nachzuzeichnen, wie es zu seinem Verständnis nötig ist (erster Teil);
- den Deutschunterricht heute so darzustellen, daß seine wichtigsten *Prinzipien und Ziele* deutlich werden (zweiter Teil);
- für den Deutschunterricht heute *Wege und Beispiele* vorzustellen, so daß ein großer Teil des Buches als „Anregungs- und Ideenkiste" genutzt werden kann (zweiter und dritter Teil).

Das Buch firmiert unter dem Titel *Sprachunterricht.* Der Grund: Deutschunterricht ist nicht nur ein „Fach" unter anderen, sondern zugleich eine Dimension aller unterrichtlichen Arbeit. Denn Sprache ist ein entscheidendes Medium des Lebens und Lernens in der Schule.

In dieses Buch sind vielfältige Erfahrungen eingegangen: aus meiner Ausbildung und den ersten Lehrerjahren in den sechziger Jahren, die noch ganz im Zeichen der Muttersprachlichen Bildung standen, aus den weiteren Lehrer- und Fachleiterjahren, in denen sich der didaktische Umbruch und die weiteren Entwicklungen vollzogen, zuletzt die Arbeiten und Diskussionen, an denen ich als Vorsitzender der Lehrplankommission Sprache NRW beteiligt war. Gerade dieser Arbeit am Lehrplan verdanke ich wichtige Einsichten.

Den Mitgliedern der Lehrplankommission möchte ich deshalb auch an dieser Stelle für die anregende Zusammenarbeit danken. Viele ihrer Entwürfe und Diskussionsbeiträge sind insbesondere in den zweiten Teil dieses Buches eingegangen, ohne daß ich dies im einzelnen kennzeichnen kann. Mein Dank gilt den Kolleginnen *Silvie Mokroß, Ingrid Niedersteberg, Hildegard Weiden, Brigitte Weiß* und *Ingeborg Zimmermann*, sowie den Kollegen *Siegfried Asmuth, Prof.Dr. Wolfgang Boettcher, Peter Mewis, Dr. Carl-Ludwig Naumann, Dr. Frank Schindler* und *Bruno Weidlich.*

Horst Bartnitzky

Inhalt

Didaktische Entwicklungen

Gespräche über Deutschunterricht sind oft mühsam und voller Mißverständnisse.

Da werden Begriffe aus unterschiedlichen „didaktischen Welten" nebeneinander gesetzt, als wären sie Synonyme: Gesprächserziehung — Kommunikation — Mündlicher Sprachgebrauch; Stegreifspiel — Rollenspiel — Theaterspiel; Aufsatz — Text; Aufsatzerziehung — Textproduktion; Leseerziehung — Literarische Bildung — Textumgang; Literatur (=poetische Literatur) — Literatur (=alle schriftlichen Texte) — Literatur (=alles medial Vermittelte, also auch Videofilme).

Da werden reaktionäre didaktische Meinungen geäußert, ohne daß die attackierten Konzepte, noch die didaktischen Entwicklungszusammenhänge bedacht sind:

„Im Deutschunterricht wurde zu viel gequatscht, jetzt muß endlich wieder gelernt (und geschrieben) werden". — „Schlechte Sprachbeispiele haben im Lesebuch nichts zu suchen." — „Comics lesen die Kinder ohnehin, das muß nicht auch noch in der Schule sein." — „Die Kinder brauchen wieder ein solides grammatisches Wissen, um richtiger sprechen und schreiben zu können."

Dieses irritierende Erscheinungsbild steht in Widerspruch zur didaktischen Entwicklung, die sich nach heftigen Kontroversen in den 70er Jahren inzwischen längst in der Fortentwicklung konsolidiert hat. Doch kann der Widerspruch nicht verwundern:

- Im knappen Zeitraum von 20 Jahren wurden über mancherlei Verwerfungen grundlegende Veränderungen vollzogen — von der Muttersprachlichen Bildung zur Didaktik des sprachlichen Handelns.
- Hektisch, kontrovers und unübersichtlich waren die didaktischen Diskussionen z.B.: um Wert und Unwert von Alltagstexten im Lesebuch, um das „richtige" Grammatikmodell.
- Zu kurzlebig war mancher Ansatz (zu Recht oder zu Unrecht) — z.B. der Ansatz der kompensatorischen Erziehung, der des Legastheniekonzeptes.
- Zu unterschiedlich sind die Konzepte der Lese- und Sprachbücher, Erstlesewerke eingeschlossen, die z.T. dem Stand der didaktischen Entwicklung nicht oder nicht mehr entsprechen, dennoch aber kultusministeriell genehmigt und „auf dem Markt" sind.

Dieses Buch soll zur Klärung über den Sprachunterricht heute beitragen.

Dabei ist es nötig, dort zu beginnen, wo Umbruch und Entwicklung ansetzen: bei der didaktischen Konzeption der Muttersprachlichen Bildung, die in den 50er und 60er Jahren unangefochten Monopolstellung besaß und mit der viele heutige Grundschullehrerinnen und -lehrer ihre Ausbildung und Lehrerzeit begannen.

50er und 60er Jahre: Didaktisches Monopol	*Ende 60er / Anfang 70er Jahre:* Diskussionsfelder des Umbruchs
Muttersprachliche Bildung sprachphilosophisch begründete Didaktik	Curriculumrevision Politische Dimension von Erziehung und Unterricht Ideologiekritik Eigenständigkeit der Didaktik Linguistisierung kompensatorische Erziehung Kommunikationstheorie Grundschulpädagogik: – grundlegende Bildung – Kindorientierung

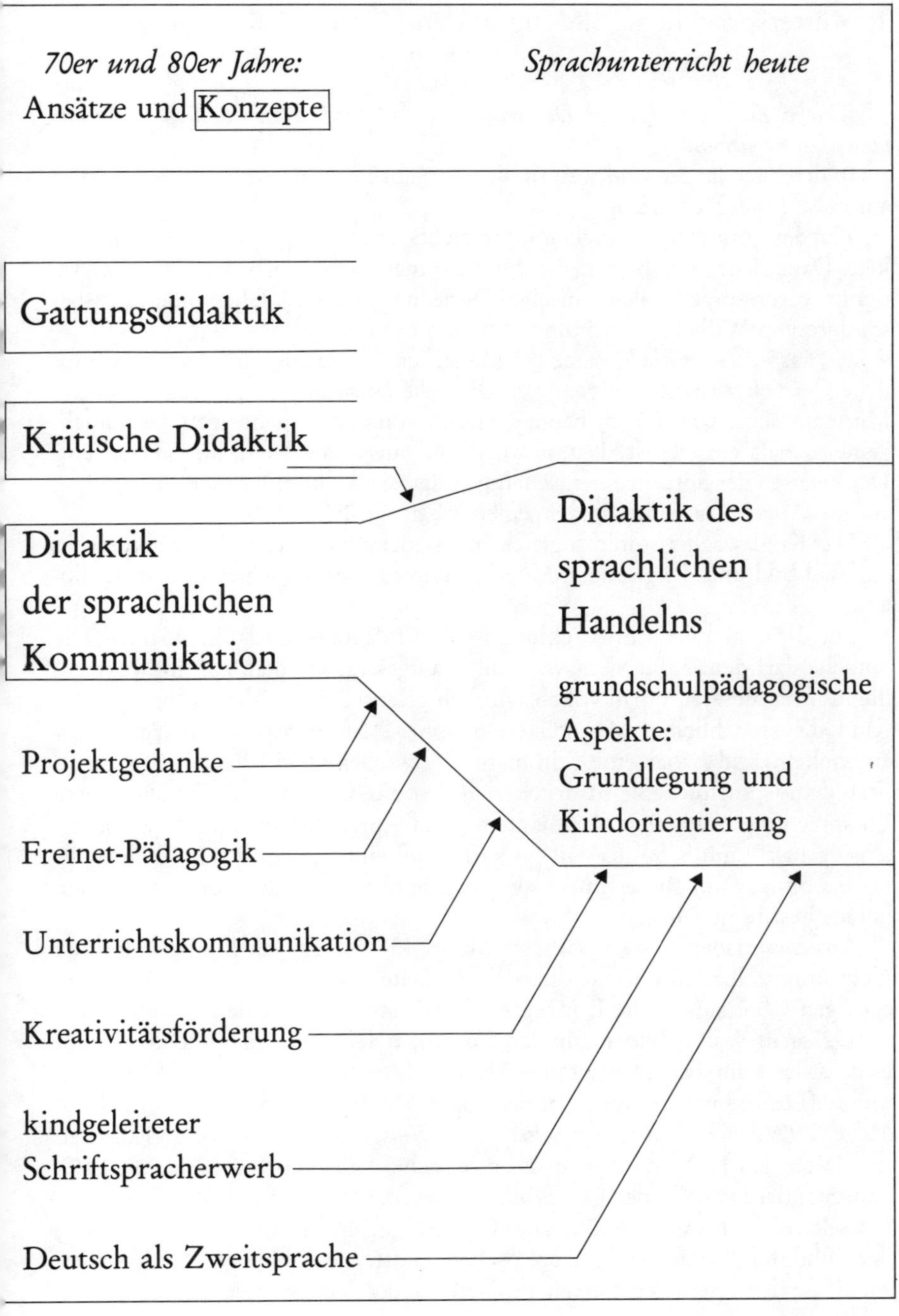
70er und 80er Jahre:
Ansätze und Konzepte
Sprachunterricht heute
Gattungsdidaktik
Kritische Didaktik
Didaktik der sprachlichen Kommunikation
Didaktik des sprachlichen Handelns
grundschulpädagogische Aspekte: Grundlegung und Kindorientierung
Projektgedanke
Freinet-Pädagogik
Unterrichtskommunikation
Kreativitätsförderung
kindgeleiteter Schriftspracherwerb
Deutsch als Zweitsprache

1. Muttersprachliche Bildung in den 50er und 60er Jahren

Welche Ziele verfolgt der Deutschunterricht? Und wie sind diese Ziele am besten zu erreichen?

In den 50er Jahren und weit in die 60er Jahre hinein waren die Antworten auf diese Fragen unstrittig:

Ziel des „muttersprachlichen Unterrichts" war die sprachliche Persönlichkeit. Dabei hatte der Begriff der Muttersprache zentrale Bedeutung. Ansatzpunkt waren sprachphilosophische Überlegungen des 19. Jahrhunderts, insbesondere von Wilhelm von Humboldt:

Muttersprache ist die Sprache der Menschen, die zu einer historisch entstandenen Sprachgemeinschaft gehören. Über die Jahrhunderte hinweg wurde die Muttersprache, wie sie sich heute darstellt, von den Angehörigen der Sprachgemeinschaft entwickelt. Damit wurde sie auch von Weltbild, Werten und Denkweisen der Sprachgemeinschaft geprägt, sie wirkt mit dieser Ausprägung auf die Angehörigen der Sprachgemeinschaft zurück.

Das Kind wächst somit zugleich mit seiner sprachlichen Entwicklung in das Weltbild und die geistigen Möglichkeiten seiner Sprachgemeinschaft hinein.

Für die sprachliche Entwicklung ist nun folgender Gedanke wichtig: Die Sprache darf dem Kind nicht von außen aufgesetzt werden, z.B. in Wörtern, die in ihrer äußeren Form vokabelähnlich gelernt werden. Vielmehr muß das Kind die sprachlichen Möglichkeiten seiner Muttersprache für sich selbst entwickeln und dabei eine Stimmigkeit zwischen dem, was es sagen will, und dem sprachlichen Ausdruck dafür herstellen und empfinden. Diese Entsprechung zwischen Gemeintem und sprachlicher Form, zwischen „Sinngehalt" und „Sinngestalt" wurde mit einem Begriff Humboldts als *innere Sprachform* bezeichnet, als eine Sprachform also, die von innen heraus bestimmt wird.

Aus dieser idealistischen Sprachphilosophie des 19. Jahrhunderts konnte nicht unmittelbar eine Sprachdidaktik abgeleitet werden. Aber sie wurde zum geistigen Überbau für die Konzeption der Muttersprachlichen Bildung.

1927 griff Walter Seidemann den Gedanken der „inneren Sprachform" auf und forderte für den Deutschunterricht, daß er „*innere Sprachbildung*" sein müsse (Deutschunterricht als innere Sprachbildung. Heidelberg: Quelle & Meyer 1927, wieder aufgelegt 1952). Leo Weisgerber führte diese Gedanken fort (Von den Kräften der deutschen Sprache. Düsseldorf. 4 Bände ab 1949; zum Standardwerk in der Lehrerbildung wurde: Das Tor zur Muttersprache. Düsseldorf: Schwann 1950). Die Begriffe „Muttersprache" und „innere Sprachbildung" wurden zu didaktischen Leitsternen zahlloser Methodiken. Zu den wichtigsten Vertretern im Bereich der Volksschule zählten neben

Franz Fahnemann, der nach dem 2. Weltkrieg an Seidemann erinnerte und anknüpfte (Der Deutschunterricht in der Volksschule. Hannover: Wolfenbütteler Verlagsanstalt 1947), besonders Alexander Beinlich (Herausgeber des: Handbuchs des Deutschunterrichts in 2 Bänden, Emsdetten 1961), Josef Prestel (Methodik des Deutschunterrichts. München: Lechte 1956) und Karl Reumuth (Der muttersprachliche Unterricht, in 6 Bänden. Bad Godesberg: Dürr 1954) — allesamt Autoren von Standardwerken, die sich gewiß noch heute in allen älteren Lehrerbüchereien finden lassen.

Sie ergänzten den sprachphilosophischen Überbau durch didaktische und methodische Setzungen:

Unter Muttersprache wurde die hochsprachliche Variante verstanden; die Äußerungsformen waren an Sprachvorbildern orientiert.

- Im mündlichen Unterricht repräsentierte vor allem der Lehrer durch sein Sprachvorbild Form und Wert der Muttersprache. Dieser Bereich wurde als *Sprachpflege*, als *Gesprächs- und Sprecherziehung* verstanden.
- Im Rahmen der *literarischen Erziehung* waren dichterische Texte wichtige Repräsentanten muttersprachlichen Kulturgutes, an denen die Stimmigkeit von „Sinngehalt und Sinngestalt" erfahrbar war. In den Anfangsklassen spielten Formen sog. Volksdichtung eine besondere Rolle (Märchen, Sagen) und eigene Texte der Lesebuchautoren, die stellvertretend für noch zu schwierige literarische Texte das „Lesegut" ergänzten.
  Texte außerhalb dieses in Form und Inhalt als vorbildhaft verstandenen Schriftgutes wurden in den Unterricht nicht einbezogen (z.B. Zeitungstexte, Werbetexte, Gebrauchstexte); z.T. fielen sie unter strenges Verdikt (z.B. durch pauschale Abwertung als „Schundliteratur", wie es u.a. mit Comics geschah).
- Dichterische Texte waren zugleich Vorbilder für die eigene *„Stilpflege"* in der *„Aufsatzerziehung"*, beim *„Schriftlichen Sprachgestalten"*. Als die beiden sprachlichen Grundhaltungen wurden die subjektive und die objektive angesehen: Der subjektiven Grundhaltung entsprach die subjektive Erlebnissprache (wie sie auch in dichterischen Texten zum Ausdruck kam), sie führte zu den Aufsatzgattungen Erzählung und Schilderung. Der objektiven Grundhaltung entsprach die objektive Erkenntnissprache, sie führte zu den Aufsatzformen Bericht, Beschreibung und Erörterung. Die Aufsatzformen waren Ausdruck der jeweiligen Grundhaltung und sollten damit der „inneren Sprachform" entsprechen. Sie wurden zu Aufsatzgattungen mit festgelegter Stilistik und Form entwickelt; die Aufsatzerziehung wurde damit zu einer Gattungslehre stilisiert, die durch Gestaltungsregeln und -vorbilder das Schreiben reglementierte.
  Die Gattungen waren typisch schulische Erscheinungen, die in dieser reinen Form außerhalb der Schule kaum anzutreffen waren. Sie entsprachen nicht der Vielfalt der vermischten Formen literarischer Texte; Formen

alltäglicher Sprachverwendung wurden, von Briefen und Lebenslauf in Abschlußklassen abgesehen, schon gar nicht einbezogen.

- Die „*Sprachbildung*“ mit ihren Teilen der unbewußteren „*Sprachübung*“ und der bewußten „*Sprachbetrachtung*“ sollte sprachpflegerisch wirken: Die Schüler sollten zum einen Sprach- und Satzmuster der Hochsprache üben und ihr Gefühl für die hochsprachliche Norm entwickeln und festigen. Sie sollten zum anderen „Einsicht in den Bau der Sprache“ gewinnen. Dadurch sollten sie fähiger werden, ihren Sprachgebrauch selbst zu kontrollieren, der hochsprachlichen Norm anzupassen und die geistigen Möglichkeiten der Muttersprache zu erkennen.

2. Der didaktische Umbruch

In der zweiten Hälfte der sechziger Jahre stellten neue Erkenntnisse, wissenschaftliche Diskussionen und ein linksintellektueller Zeitgeist den Absolutheitsanspruch der „Muttersprachlichen Bildung“ im Sinne Leo Weisgerbers und anderer radikal in Frage.

Untersuchungen der *Sprachsoziologie* klärten darüber auf, daß es *die* Sprachgemeinschaft und *die* Muttersprache gar nicht gibt. Z.B. weist die Sprache von Angehörigen verschiedener Sozialschichten grundlegende Unterschiede auf. Erheblichen Einfluß auf die Diskussion nahmen Beiträge von Basil Bernstein, der zwischen dem „restringierten Code“ bei Angehörigen der Unterschicht und dem „elaborierten Code“ bei Angehörigen der Mittelschicht unterschied (hierzulande vor allem bekannt geworden durch Ulrich Oevermann: Schichtenspezifische Formen des Sprachverhaltens und ihr Einfluß auf die kognitiven Prozesse. In: Heinrich Roth: Begabung und Lernen. Stuttgart 1968). Zugespitzt könnte die Kritik am Konzept der Muttersprachlichen Bildung von hierher lauten: Was als *die* Muttersprache behauptet wird, ist Muttersprache und mit ihr auch Weltbild einer bürgerlichen Schicht. Vermutlich weist das Weltbild von Arbeitern aus verschiedenen sog. „Sprachgemeinschaften“ mehr identische Züge auf als das Weltbild von Angehörigen einer Sprache, die aber zu verschiedenen sozialen Schichten gehören.

Die *kritisch-emanzipatorische Didaktik* entwickelte sich im Zusammenhang der Studentenrevolte Ende der sechziger Jahre. Sie legte die Einsicht zu Grunde, daß Muttersprache und Sprachfähigkeit keine Werte an sich darstellen. Denn in ein und derselben Sprache kann manipuliert und aufgeklärt, unterdrückt und befreit werden. Vielmehr komme es gerade auf die Fähigkeit an, Sprache und Sprachverwendung, auch deren immanente Weltbilder, kritisch zu analysieren und Sprache zur Emanzipation zu nutzen. (Emanzipation wurde im Anschluß an Habermas als „herrschaftsfreie Kommunikation jedes mit jedem" verstanden.)

Im Rahmen dieser an der „Kritischen Theorie" (Adorno, Habermas) orientierten Überlegungen gerieten alle Wissenschaftsbereiche unter Ideologieverdacht, auch die Sprach- und Literaturwissenschaft und -didaktik. Neuere wissenschaftliche Disziplinen waren noch nicht historisch belastet; sie gewannen deshalb in kürzester Zeit an Anerkennung und Verbreitung (ohne übrigens in gleicher Weise ideologiekritisch gewürdigt zu werden). So geschah es auch mit der Linguistik, die eine *Linguistisierung des Deutschunterrichts* zur Folge hatte:

Unterschiedliche neuere Grammatikmodelle hielten Einzug in die Sprachbücher; „Kommunikation" wurde zu einem zentralen Begriff. An die Stelle schulisch hochstilisierter Darstellungsgattungen traten kommunikative Schreibsituationen; an die Stelle von Literaturgut als Teil eines Bildungskanons trat die kommunikative Verwendung von Texten und deren Interpretation von einem Kommunikationsmodell aus (Sender-Empfänger-Modelle). Große Bedeutung bei der Popularisierung der linguistischen Gegenstände und Verfahren hatte das Funk-Kolleg Sprache 1 und 2, eine Einführung in die moderne Linguistik (Frankfurt: Fischer 1973).

Die curriculumtheoretische Diskussion forderte eine grundlegende *Curriculumrevision*: Die Ziele, Gegenstände und Verfahren des Unterrichts sollten nicht mehr an einem tradierten Bildungsgut orientiert sein, sondern an dem, was zur Bewältigung von Lebenssituationen heute und morgen nötig sei. Einen entscheidenden Anstoß gab hierzulande Saul B. Robinson (Bildungsreform als Revision des Curriculums. Neuwied/ Berlin: Luchterhand 1971). Darüber, was lebensbedeutsam sei, wurde heftig gestritten. Die Kritische Pädagogik setzte *Emanzipation* an die Spitze der Ziele; die Maxime: Veränderung der Gesellschaft durch Veränderung der Schule führte zu geradezu euphorischen Vorstellungen von dem, was Schule zu leisten imstande sei. In der öffentlichen Diskussion und in der schulischen Realität war diese Maxime nicht durchzuhalten.

Die Diskussion der politischen Dimension von Unterricht und Erziehung führte zu neuen Einsichten und Sichtweisen, unter denen gerade auch die Inhalte des Deutschunterrichts kritisch betrachtet wurden (z.B. die Lesebuchtexte: waren sie Heile-Welt — Texte, Anpassungstexte oder Aufklärungstexte?).

Zum Verständnis von „Curriculum" gehörten aber nicht nur — wie bei den damals üblichen Lehrplänen — allgemeine Ziele und konkrete Inhalte sondern auch konkrete Zielsetzungen, Lernformen und Verfahren. Dadurch konnte ein „Anpassungstext" auch in einem emanzipationsorientierten Unterricht einbezogen werden, indem er „hinterfragt" wurde. Gerade die Fähigkeit, Ideologien von Texten zu ermitteln, wurde zu einem wichtigen Ziel.

(Nicht *was* gelesen wird, ist wichtig, sondern *wie* es gelesen wird). Hier entstand ein radikaler Bruch zur überkommenen unkritischen Rezeption von Lesebuchtexten (die ja Teil des Bildungsgutes waren) und eine Quelle vielfacher Mißverständnisse. Z.B. wurden in der Öffentlichkeit die Lesebuchtexte im Sinne von Literaturkanon und vorbildlichem Sprachgebrauch mißverstanden (auch Schimpfworttexte, sog. „Heftchen"-Literatur, Protokolle mündlicher Äußerungen usw.) Indem diese Mißverständnisse auch von Parteien zu Wahlkampfzwecken genutzt wurden, mit der die jeweilige Schulpolitik angeprangert werden sollte, gerieten die didaktischen Fragen verzerrt in die breite Öffentlichkeit, was wiederum auf die Schule entwicklungshemmend zurückwirkte.

Hierzu gegenläufig entwarf Hermann Helmers 1966 eine *„Didaktik der deutschen Sprache"* (Stuttgart: Klett), mit der eine Didaktik der Muttersprachlichen Bildung als eigenständige, sui generis didaktische Disziplin für alle Schulstufen konstituiert wurde.

Im Bereich der Grundschule setzte eine fachunabhängige Diskussion ein: Grundschulpädagogen setzten neu an zu einer bildungspolitisch-pädagogischen Konzeption der Grundstufe unseres Bildungswesens. (Auffällige Daten hierzu waren 1969 der Grundschulkongreß in Frankfurt und die Gründung des Arbeitskreises Grundschule sowie 1970 das Kapitel 2 Primarbereich im Strukturplan für das Bildungswesen und die KMK-Empfehlungen zur Arbeit in der Grundschule). Im Zusammenhang dieser Diskussionen markierten u.a. die Akzente: Kindorientierung — Wissenschaftsorientierung wesentliche Prinzipien zur weiteren Ausgestaltung der Grundschule. Dabei wurde auch deutlich, daß weder fachliche noch fachdidaktische Systematiken unabhängig von grundschulpädagogischen Vorentscheidungen das Curriculum bestimmen dürfen. Vielmehr müßten sich die Didaktiken der Fächer / Lernbereiche dem *Pädagogischen Gesamtkonzept der Primarstufe* unterordnen.

3. Neuere Ansätze — Konzepte — Entwicklungen

Aus der Vielfalt der didaktischen Anstöße, Ansätze, Entwürfe und Konzepte entwickelten sich Konzeptionen des Deutschunterrichts, die sich im weiteren als mehr oder weniger konsens- und tragfähig erwiesen. Einige Konzeptionen und Ansätze, die für die Entwicklung zum Sprachunterricht heute von besonderer Bedeutung sind, seien im folgenden skizziert:

Epik – Lyrik – Dramatik: Gattungstypologie für die Grundschule

Hermann Helmers entwarf 1966 eine „Didaktik der deutschen Sprache" für alle Bildungsstufen (s.o.).

Er legte ein gattungstheoretisches konservatives Konzept zugrunde und behauptete z.B. für den Bereich Literatur, die Fähigkeit aller, epische, lyrische und dramatische Texte in ihrer jeweiligen gattungsspezifischen Besonderheit zu verstehen, sei notwendiges Ziel der Schule. Für die außerpoetischen Literaturarten, hier meinte er pragmatische Texte wie Sachbericht und Brief, sei der Aufsatzunterricht zuständig. Mit diesem Konzept versuchte er, der Wissenschaftsorientierung für alle Schulstufen und -formen und dem Demokratisierungsgebot (Literarische Bildung für alle) Rechnung zu tragen.

Bezogen auf die Grundschule standen für Lyrik die traditionellen Formen Kinderreim und Kindergedicht, für Epik Märchen, Sagen und Geschichten, für Dramatik das Kasperspiel.

Dieses didaktische Konzept fand sich bald in einigen Lesebüchern wieder. Von durchschlagendem Erfolg war es nicht, am allerwenigsten im Bereich der Grundschule.

Das gattungstheoretische Konzept paßte weder in die politische Aufbruchstimmung jener Jahre, die mehr auf Umgang mit Massenmedien und Alltagssprache setzte als auf Literaturkanon und poetische Didaktik. Es fand auch wenig Entsprechung in den grundschulpädagogischen Überlegungen, die zwar Wissenschaftsorientierung aber auch Umweltbezug favorisierten. Hier zeigte sich, was auch in anderen Fächern Parallelen hat: Eine auf das Niveau von Grundschülern heruntergeschnittene Fachdidaktik und -systematik konnte in den eigenständigen pädagogischen Zusammenhang der Primarstufe nicht integriert werden.

Gattungstypologie / Literatur i.e.S.
Lesebuch 4 . Stuttgart : Klett 1967, S. 3/4

Inhalt

Geschichten aus Kinderbüchern

Märchen

Legenden

Sagen

Schwänke und lustige Geschichten

„Fünf Finger sind eine Faust" — Kritische Didaktik

Die von den Universitäten Ende der 60er Jahre ausgehende Politisierung des Denkens (und Handelns), die aufklärende Bedeutung der „Kritischen Theorie" erfaßte weite Teile der Intellektuellen. Für den Bildungsbereich prägte, zumindest aber beeinflußte dieser emanzipationsbewußte Aufbruch die Lehrerbildung, die Curriculumdiskussion, die Medien und die jüngere und jüngste Lehrergeneration. Veränderung der Gesellschaft in Richtung auf Demokratisierung in allen Bereichen und Emanzipation des Individuums durch politisches Handeln erschien als möglich, wenn dies im Erziehungs- und Bildungsbereich „von Grund auf" angelegt würde. Für die Deutschdidaktik gaben die 1970 gegründete Zeitschrift „Diskussion Deutsch" (Frankfurt:) und die Veröffentlichungen des „Bremer Kollektivs" wichtige Orientierungen (Bremer Kollektiv: Didaktik und Methodik des Deutschunterrichts. Stuttgart: Metzler 1974.).

Didaktisch-methodische Konsequenz für den Bereich der Grundschule war eine verstärkte Thematisierung von Lebenssituationen der Kinder und der sie bedingenden Hintergründe, z.B. Wohnsituation auf dem Hintergrund von Mietwucher, Elternverhalten auf dem Hintergrund von Abhängigkeiten am Arbeitsplatz der Eltern, Manipulation durch Werbung, durch Boulevard-Zeitungen. Was soziolinguistisch zunächst als „restringierter Code" der Unterschicht bewertet worden war, das wurde hier nicht als Defizit verstanden, sondern als Differenz zur Sprache der Mittelschicht. Der Eigenwert dieser Sprache für die Solidarität der Angehörigen dieser Schicht wurde besonders herausgestrichen. „Hochsprache" als Ziel war daher zumindest fragwürdig.

Unmittelbare Breitenwirkung erreichte diese politische Didaktik des Deutschunterrichts in der Grundschule nicht. Zum einen erschwerte der intellektuelle Anspruch die kindgemäße Verwirklichung im Unterricht der ersten Schuljahre. Kindgemäße Unterrichtsmodelle dieses Ansatzes, die nicht Meinungen oktroyierten, waren selten. Zum anderen aber zeigte sich in den Folgejahren, daß eine exponiert politische Didaktik keinen gesellschaftlichen Konsens findet. Ein Anlauf, auf Lehrpläne einzuwirken, scheiterte (Hessische Rahmenrichtlinien); Unterrichtswerke, die auch nur in der Nähe zur politischen Didaktik standen, gerieten in das tagespolitische Kreuzfeuer. Bedeutsam allerdings waren die Auswirkungen dieses Ansatzes auf das didaktische Denken allgemein: Die Grundorientierung an dem Anliegen zunehmender Emanzipation, der Einbezug von sozialen Situationen und Texten aus dem Lebensalltag der Schüler, Ziele wie: eigene Interessen erkennen und wahrnehmen, Texte kritisch lesen können — diese Intentionen wurden z.B. von der „Didaktik der sprachlichen Kommunikation" aufgegriffen und integriert.

„Streit um das Fernsehprogramm" – Didaktik der sprachlichen Kommunikation

Zur gleichen Zeit wie die „Kritische Didaktik" entwickelte sich die Didaktik der sprachlichen Kommunikation, ihr ähnlich in vielen Zielen, Inhalten und Verfahren, aber nicht exponiert sozialistisch, sondern eher sozial-liberal orientiert.

Sie nahm ihren Ausgang einmal von der In-Frage-Stellung der sprachphilosophisch begründeten Muttersprachlichen Bildung und griff die Forderungen der internationalen Curriculumbewegung auf. Gefordert war die Revision des Curriculums (= Zusammenhang von Zielen, Inhalten und Lernformen) und ein neues Verständnis von schulischen Zielen: nicht als Bildungswissen sondern als Qualifikation, um Lebenssituationen zu bewältigen. Dies bedeutete im Selbstverständnis der emanzipationsbewußten Aufbruchstimmung weniger Anpassungsleistung als vielmehr Fähigkeiten wie: eigene Interessen erkennen und vertreten, Äußerungen anderer kritisch einschätzen usw..

Gleichzeitig interessierten sich auch Sprach- und Literaturwissenschaften, insbesondere die sich etablierende Linguistik, zunehmend mehr für die *Verwendung* von Sprache und Texten, gerade auch in Alltagssituationen.

Diese Strömungen zusammen genommen, führten zu didaktischen Konzepten, die im zentralen Stellenwert „Kommunikation" übereinstimmten. Ihre aufklärerische Grundintention bewirkte im entsprechenden Zeitgeist Anfang der siebziger Jahre rasche Zustimmung. Dadurch konnte die Didaktik der sprachlichen Kommunikation rasch an die Stelle treten, die durch den Sockelsturz der sprachphilosophisch begründeten Muttersprachlichen Bildung entstanden war.

Für den Bereich der Grundschule kam hinzu, daß den grundschulpädagogischen Forderungen nach mehr Wissenschaftsorientierung kommunikationstheoretisch entsprochen werden konnte, daß aber gleichzeitig der zentrale Stellenwert der Kommunikation den lernpsychologischen Grundsätzen nach Umweltorientierung und handelndem Lernen entsprach.

Damit war das zwangsläufig, was heute im Rückblick als „kommunikative Wende" des Deutschunterrichts bezeichnet wird.

Die Sprachbücher der neuen Generation spiegelten diese Entwicklung insbesondere an ihren Zielen und Inhalten: Das Sprachbuch „Sprache und Sprechen" (Dortmund: Schroedel ab 1971) favorisierte im Teil „Mündlicher Sprachgebrauch" Themen wie: sich verteidigen, Auskunft einholen und die Methode des Rollenspiels; das Lesebuch „Bunte Drucksachen" (Düsseldorf: Pro Schule ab 1974, Titel heute: Bunte Lesefolgen. Bielefeld: CVK) bezog in erheblichem Umfang Texte aus der Lebenswirklichkeit der Kinder ein (Comics, Werbung) und stellte in Texten Verhaltensweisen zur Diskussion.

Kommunikation / Literatur i.w.S.
Bunte Drucksachen 4 . Düsseldorf: Pro Schule 1974, S. 3-6
(heute: Überarbeitung als: Bunte Lesefolgen. Bielefeld CVK)

Inhalt

1. Zuhause 7

2. Erziehung 23

3. Unsere Umwelt 35

5. Wir verteidigen uns

5.1. Die zerbrochene Feuerwehrleiter

5.1.1. Wie geht es wohl weiter?

Wer will den Jungen spielen, wer das Mädchen?

5.1.2. Könnte es auch anders weitergehen?

Führt alle Möglichkeiten, die euch einfallen, im Spiel vor!

In der Lehrerbildung nahmen eine wichtige Rolle ein die beiden Bände von Behr / Grönwoldt / Nündel / Röseler / Schlotthaus: Grundkurs für Deutschlehrer — Sprachliche Kommunikation (1972) und: Folgekurs für Deutschlehrer — Didaktik und Methodik der sprachlichen Kommunikation (1975), beide Bände Weinheim / Basel: Beltz.

Drei didaktische Ansätze flossen dann in diese Entwicklung ein:

— der neu belebte *Projektgedanke*.
Dabei galt als Projekt eine von der Lerngruppe gemeinsam geplante und verantwortete Aktion, die eine von der Gruppe gewünschte Veränderung bewirken sollte. Dies konnte das Bemühen sein, eine Fußgängerampel an einem gefährlichen Übergang zu erreichen, den Spielplatz zu säubern und Geräte in Stand zu setzen, aber auch: den eigenen Schullandheimaufenthalt zu gestalten, eine Klassenzeitung herauszugeben.
Hierbei waren von der Sache und vom Ablauf des Geschehens her immer wieder kommunikative Handlungen nötig. Pläne entwerfen, Briefe und Plakate schreiben, Verordnungen, Adressenverzeichnisse, Briefe lesen, Zwischenbilanzen ziehen, Interviews führen usw.

— die Entdeckung der *Freinet-Pädagogik* für die Schule hierzulande.
Dabei galt das besondere Interesse einigen kommunikationsträchtigen Elementen der Freinet-Pädagogik: der Klassenkorrespondenz und der Druckerei.

— dem verstärkten didaktischen Interesse an der *Unterrichtskommunikation*.
Besonders einflußreich war hierzu die sog. „Aachener Gruppe"; eine wichtige Veröffentlichung, die aus diesen Bemühungen hervorging, war: Boettcher / Otto / Sitta / Tymister: Lehrer und Schüler machen Unterricht. (München: Urban & Schwarzenberg 1976).

Diese drei Ansätze regten die Kommunikation in der Klasse an, machten sie zu einer wichtigen Lernsituation und boten inhaltliche und methodische Anregungen, die zu einem auch für die Kinder als sinnvoll erfahrenem Sprechen, Schreiben, Lesen, Sprachuntersuchen führten. Damit verhalfen sie dem „kommunikativen Ansatz" zu einem großen Repertoire an unterrichtlichen Möglichkeiten.

Allerdings wurden auch Schwachstellen deutlich.

Vernachlässigung wichtiger Aufgaben: Unter dem Leitbegriff „Kommunikation" wurden kommunikative Sprachakte in den Blick genommen, Sprachakte nicht-kommunikativer Art blieben dagegen ausgeblendet. Vorrangig wurden Gebrauchstexte gelesen und geschrieben, aktionsgebundene Schreibanlässe wurden gesucht. Schreibmotive wie: zur eigenen Erinnerung etwas festhalten, Schreiben als geistige Auseinandersetzung, Schreiben aus Freude am Fabulieren wurden vernachlässigt. Texte aus Gebrauchsliteratur und Massenmedien wurden primär einbezogen. Literatur im engeren Sinne, besonders Gedichte, ältere Texte erhielten eine nur noch randständige Bedeutung.

Projektorientierung
Sprachprojekte 4 . Braunschweig : Westermann 1976, S. 24/25

Die Patenklasse

Lüneburg, den 18. 5. 1976

Liebe Freunde in Suderburg!
Vielen Dank für Euren letzten Brief. Es bleibt also dabei: Wir erwarten Euch am nächsten Freitag um 9.00 Uhr vor unserer Schule. Der Bus kann auf dem Parkplatz stehen bleiben. Für Mittagessen braucht ihr nicht zu sorgen.
Wir haben viele Überraschungen für Euch vorbereitet. Hoffentlich gefällt es Euch bei uns so gut, wie es uns bei Euch gefallen hat.

Viele Grüße, bis bald,
Eure 4b

Schwierigkeiten

1. So ist es zu der gegenseitigen Einladung gekommen:
Die 4 b plante einen Ausflug, hatte aber noch kein Ziel. Da machte Volker den Vorschlag: „Ich habe einen Vetter in Suderburg, der auch im vierten Schuljahr ist. Bei denen in der Schule ist es ganz anders als bei uns. Ob wir die mal besuchen?“
Einige fanden Volkers Vorschlag gut. Sie sagten: „. . .“
Andere waren dagegen. Ihre Argumente: „. . .“
In Volkers Klasse einigte man sich schließlich darauf, nach Suderburg zu fahren. Die dafür waren, hatten nämlich gesagt: „. . .“

Wie würdet **ihr** argumentieren?

2. Wie wollt ihr Kontakt mit einer anderen Klasse aufnehmen?
Auf der Landkarte einen Ort aussuchen,
über die Lehrerin die Klasse einer ihr bekannten Kollegin anschreiben,
eine Flaschenpost losschicken,
eine Anzeige „Klasse gesucht“ in der Zeitung aufgeben,
an den Westermann Verlag* schreiben, wer noch mit Sprachprojekte 4 arbeitet,
eine Brieftaube losschicken,
an den Schulrat schreiben und
um eine Adresse bitten . . .

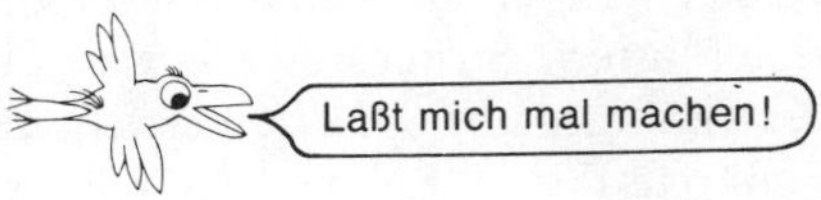

3. Welche Patenklasse?
Bei eurer Entscheidung für eine Patenklasse solltet ihr bedenken, wie ihr euch diese Klasse vorstellt. Möchtet ihr
eine Klasse aus der Stadt oder aus einer Landschule?
eine vierte Klasse oder eine mit jüngeren oder älteren Schülern?
eine Klasse mit vielen Ausländerkindern?
eine Klasse aus einer anderen Schulart?

4. Abstimmungsergebnis: dafür: 27 – dagegen: 4
„Wir machen nicht mit!“ Das war der Standpunkt von vier Schülern.
Welche Argumente haben sie?
Wollen sie gar nicht mitmachen?
Fahren sie auch nicht mit?
Brauchen sie sich nicht an den Vorbereitungen zu beteiligen?
Fällt jetzt der ganze Plan ins Wasser? . . .

Besprecht dieses Problem und sucht nach Lösungen. Es kann immer dann auftreten, wenn ihr gemeinsam mit der ganzen Klasse etwas vorhabt. Wie wollt ihr es für eure Klasse lösen?

Ungelöstes Grammatikproblem: Es gelang nicht, das Untersuchen von Sprache – von der Analyse der Kommunikationssituation abgesehen – in den übrigen Unterricht zu integrieren. Das Sprachbuch „Sprache und Sprechen" isolierte gar diesen Bereich in einem eigenen Kapitel und wollte hier Grundschüler lehrgangsgemäß in die Transformationsgrammatik einführen. Die Antwort auf die Frage, inwieweit solche Kenntnisse kommunikationsfördernd seien, mußten die Autoren schuldig bleiben. (An dieser Stelle wurde das Eigeninteresse der Linguisten deutlich, die ihren Arbeitsgegenstand durch Einbezug in das Curriculum schulisch absichern wollten).

„Der liebe Wolf und die bösen Geißlein" – der Ansatz Kreativitätsförderung

Die Frage, wie Kreativität zu fördern sei, wurde in den 60er Jahren in den USA diskutiert und mit Lernprogrammen beantwortet; dies geschah zunächst aus dem Trauma heraus, in technologischen Rückstand geraten zu sein. Entsprechende Ansätze wurden mit zeitlicher Verzögerung auch hierzulande diskutiert. Dabei herrschte pädagogisches Einvernehmen darüber, daß kreative Prozesse durch entsprechende Anregungen bei allen Kindern in Gang gesetzt werden könnten und daß dies insbesondere Prozesse seien, bei denen vorgegebene Muster / Strukturen / Erwartungen durchbrochen werden. Solche Prozesse könnten im Sprachunterricht sein: spielerischer Umgang mit Sprache (konkrete Poesie, Reime), Veränderungen von Texten (Perspektivenwechsel, Rollentausch, Erfindung unerwarteter Schlüsse), freie Assoziationen (Kettengeschichten, sprachliche Assoziationen zu Musik).

Wichtige Literatur hierzu war: Pielow / Sanner (Hg.): Kreativität und Deutschunterricht. Stuttgart: Kohlhammer 1973 und das Sonderheft: Kreativität und Sprache 1977 der Zeitschrift Praxis Deutsch.

Der didaktische Ansatz: Kreativitätsförderung wurde zunächst von Anhängern der Kritischen Didaktik aufgegriffen, weil die Bemühungen, gegebene Normen in Frage zu stellen, hier einen didaktisch-spielerischen Zugriff fanden.

Er wurde im weiteren und wird heute als wichtige Ergänzung zur Tendenz der kommunikationsdidaktischen Konzeption verstanden, Schreiben auf pragmatische Texte zu begrenzen.

Kreativitätsförderung
Sprache und Sprechen 3. Schuljahr . Hannover : Schroedel 1972, S. 31

Spiel mit Wörtern 9.2.

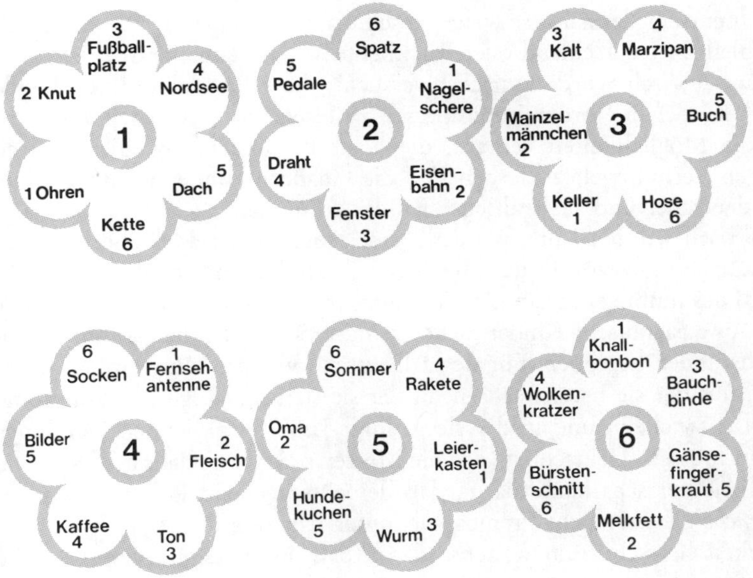

Für dieses Spiel braucht ihr einen Würfel und etwas Phantasie. Und noch etwas: Setzt euch doch bitte in kleinen Gruppen zusammen. 9.2.1.

Einer von euch würfelt. Wenn es etwa die 3 sein sollte, dann sucht die Blume, in deren Mitte die 3 steht. Lest dann die Wörter, die in den Blütenblättern stehen. Laßt euch gemeinsam zu diesen Wörtern etwas einfallen. 9.2.2.

Das zweite Spiel ist etwas schwieriger. Hier müßt ihr nämlich zweimal würfeln. Zuerst die Blume, wie eben; dann ein Blütenblatt. Würfelt viermal zuerst die Blume, dann viermal das Blütenblatt. Merkt euch die vier Wörter und laßt euch zu ihnen etwas Lustiges oder Trauriges oder auch ganz etwas anderes einfallen. 9.2.3.

Ausländerkinder in der Schule — Herausforderung und (sprach-)didaktische Lösungen

Mit dem Anwachsen der Zahl ausländischer Kinder in den 70er Jahren stellte sich die Frage nach dem angemessenen Unterricht für diese Kinder, und zwar in Hinsicht auf

— ihren anderen kulturellen Hintergrund,
— ihre oft erheblich reduzierte Sprachfähigkeit in der deutschen Sprache,
— die Unentschiedenheit der weiteren schulischen Perspektive dieser Kinder (Verbleib in Deutschland oder Rückkehr in das Heimatland).

Organisatorisch wurde zunächst versucht, diese Probleme durch Sonderung der Kinder in Vorbereitungsklassen zu lösen. Dabei wurden von vornherein die Möglichkeiten verbaut, die deutsche Sprache in einer deutschsprachigen Lernumwelt zu lernen und die Chancen zum sozial-integrativen Lernen deutscher und ausländischer Kinder zu nutzen.

Didaktisch wurden Konzepte des *Fremdsprachenunterrichts* übernommen, bis hin zum Einsatz von Deutschbüchern, die an Auslandsschulen verwendet werden. Dies mußte ein grundsätzlich falscher Ansatz sein, weil die deutsche Sprache für ausländische Kinder nicht Fremdsprache ist, denen sie nur in einigen Fachstunden begegnen. Für sie ist Deutsch (wie ihre Muttersprache) eine Sprache, mit der sie heranwachsen, in der sie sich sozial, geistig, emotional, kulturell entwickeln, und in der sie in ihrer Lebenswirklichkeit handlungsfähig sein müssen: Deutsch ist (wie die Muttersprache) Sozialisationssprache.

Einigkeit herrscht heute darin, daß dementsprechend Unterricht in der *Zweitsprache Deutsch* nicht Fremdsprachunterricht sein darf.

Einigkeit herrscht zum weiteren darin, daß die *Zweisprachigkeit* der Lebenssituation dieser Kinder eine Entsprechung in der Schule finden müsse.

Doch zur Frage, wie dies verwirklicht werden müsse und könne, gibt es unterschiedliche Meinungen und Realisierungen:

a) *Konsequente Zweisprachigkeit*
Zweisprachigkeit ist hierbei durchgängiges Prinzip allen Unterrichts mit ausländischen Kindern. Da das Prinzip der sozialen Koedukation den gemeinsamen Unterricht mit deutschen und ausländischen Kindern erfordert, muß die Konsequenz sein, daß die deutschen Kinder auch die Muttersprache der ausländischen Mitschüler lernen.

b) *Koordinierte Zweisprachigkeit*
Hierbei werden grundlegende vor- und außerschulische Spracherfahrungen in der Muttersprache vorausgesetzt, die nun auf die Zweitsprache übertragen werden. Für die deutsche Lehrerin helfen einige Kenntnisse über den kontrastiven Vergleich von der Muttersprache der Kinder zur deutschen Sprache, um falsche Übertragungen sprachlicher Strukturen z.B. in der

Wortbildung, im Satzbau, in der Rechtschreibung vorauszusehen, zu verstehen und möglichst zu verhindern. Bei der Zusammenarbeit mit Muttersprachlehrern in der Klasse können die Ziele und Inhalte des Unterrichts in beiden Sprachen koordiniert und unterstützende Maßnahmen abgesprochen werden, z.B. im Schriftspracherwerb, bei der Erarbeitung fachsprachlicher Begriffe in beiden Sprachen.

c) *Trennung in deutschsprachigen und in muttersprachlichen Unterricht*
Deutschsprachiger und muttersprachlicher Unterricht werden organisatorisch und inhaltlich getrennt. Im deutschsprachigen Unterricht werden die Lebens- und Lernsituationen einbezogen, die in der deutschsprachigen Umwelt, die Schule eingeschlossen, bewältigt werden müssen. Im ergänzenden Muttersprachunterricht werden die Fähigkeiten in Situationen der muttersprachlichen Kommunikation gefördert, z.B. zu den Erfahrungsfeldern Familie, Heimat, Kultur oder zu Sprechakten wie Dolmetschen.

Die Möglichkeit a) konsequente Zweisprachigkeit ist Utopie. Heutigen Lösungen liegen die beiden anderen Möglichkeiten zugrunde: koordinierte Zweisprachigkeit, bzw. Trennung des Sprachunterrichts.

Allerdings hängt es von entwicklungsbestimmten, von lokal gegebenen und aktuellen Faktoren ab, in welcher Weise sich die Unterrichtsorganisation und Unterrichtspraxis ausformt:

— Bei vielen Grundschulkindern kann die Fähigkeit, Sprache als Gegenstand der Reflexion zu nutzen, nur sehr begrenzt entwickelt werden. Dies schränkt die Möglichkeit in der Grundschule, Deutsch bewußt konstrastiv zur Muttersprache zu erlernen, erheblich ein.
— Wo mehr als zwei Nationalitäten in einer Klasse vertreten sind, ist Zweisprachigkeit schon von den sprachlichen Voraussetzungen der Lehrerin und den Kooperationsmöglichkeiten mit ausländischen Lehrkräften her nahezu ausgeschlossen. Im besten Fall wird die deutsche Lehrerin die Möglichkeiten des „kontrastiven Vergleichs" von Muttersprachen und Deutsch nutzen. (Hilfen z.B. von Kurt Meiers: Kontrastive Analysen zu den Muttersprachen. In: Praxis Deutsch. Sonderheft 1980. Seelze: Friedrich).
— Zur Zeit wächst die Zahl der ausländischen Kinder, die nicht mehr mit einer entwickelten Muttersprache in die Schule kommen. Möglicherweise führt die Entwicklung in der nächsten Generation dahin, daß die „Muttersprache" für manche „ausländischen Kinder" schon zur Fremdsprache geworden ist. Dadurch aber wird der Rückgriff auf die Muttersprache bei diesen Kindern immer weniger sinnvoll.
— Die verständliche Forderung, beide Sprachen gleichrangig zu fördern und auszubilden, stößt angesichts reduzierter Sprachfähigkeiten in beiden Sprachen auf die Grenzen des Machbaren: Die Schule und die Kinder wären überfordert, ist der Sprachausbau bei vielen deutschen Kindern in einer Sprache doch schon schwierig genug.

Wo immer nur zwei Sprachen in einer Schule vertreten sind, in bestimmten Regionen besonders deutsch und türkisch, wurden zusammen mit den Muttersprachlehrern koordiniert-zweisprachige Konzepte entwickelt. Zumeist aber schließt sich dies durch die multinationale Situation der Regelklassen aus. Dann kommt es zur organisatorischen und inhaltlichen Trennung von deutschsprachigem Unterricht in der Regelklasse, Fördermaßnahmen eingeschlossen, und zu einem im Umfang erheblich geringerem ergänzenden Anteil muttersprachlichen Unterrichts.

Ob mit koordiniert-zweisprachigen Anteilen oder einsprachig — in der Didaktik und Methodik des Deutschen als Zweitsprache wird heute eine Konzeption bevorzugt, die *gemeinsames und situationsorientiertes Lernen* verwirklicht. Als Prinzipien gelten:

1. Wo immer möglich, wird der Unterricht mit deutschen und ausländischen Kindern gemeinsam durchgeführt, wobei von der Unterrichtskommunikation und der Gestaltung des Lebens in der Klasse und Schule wichtige Lernanregungen ausgehen.
2. Kommunikationssituationen sind die wichtigsten Ansatzpunkte für das Sprachlernen der ausländischen Kinder.
3. Ausgleichendes Lernen, bezogen auf Wortschatz, Wortbildungsmuster, Satzbau, Aussprache, wird in Form „didaktischer Schleifen" in diesen Unterricht einbezogen, d. h. systematisches Üben von Teilfähigkeiten wird dort, wo der Lern- und Übungsbedarf entsteht, in den Unterricht eingeschoben in Formen innerer und äußerer Differenzierung. Dabei können auch die Unterschiede zwischen Muttersprache und deutscher Sprache bewußt gemacht werden. Hier hat kontrastives Lernen seinen Stellenwert, vorausgesetzt, die Lehrerin ist dazu in der Lage.

Als beispielhaft für die Ausgestaltung von Konzepten unter diesen Prinzipien mögen gelten

— für Unterricht in Regelklassen: I. Hegele / G. Pommerin: Gemeinsam Deutsch lernen. Heidelberg: Quelle & Meyer 1983

— für Unterricht in Klassen mit ausschließlich ausländischen Kindern: Christa Röber-Siekmeyer: Sprachlicher Anfangsunterricht mit Ausländerkindern. Bielefeld: CVK 1983

Mit der Entwicklung zu gemeinsamem und situationsorientiertem Lernen ist das Sprachlernen ausländischer Kinder nicht mehr ein isoliert zu lösender Sonderfall, sondern wird in den kommunikationsdidaktischen Deutschunterricht einbezogen, wenn auch häufig ergänzende Fördermaßnahmen nötig sind (siehe 3. Prinzip).

In den letzten Jahren wuchs unter dem Stichwort „*Interkulturelle Erziehung*" die Erkenntnis, daß das gemeinsame Aufwachsen von Kindern aus verschiedenen Nationen und Kulturkreisen auch Auswirkungen auf den Lehrplan haben müsse.

Diese Überlegungen führen heute zu einem vierten Prinzip:

4. In den Unterricht werden Inhalte aus den Kulturbereichen und den Lebenssituationen der ausländischen Kinder einbezogen: Märchen und Fabeln, Spiele und Rezepte, Feste und Feiern, Kommunikationssituationen wie sich begrüßen in verschiedenen Sprachen, dolmetschen usw.

„Kinder auf dem Weg zur Schrift" – Ansätze kindgeleiteten Lernens

Was früher unter Kindgemäßheit, später unter Kindorientierung verstanden wurde und wird, erhält derzeit einen neuen Akzent: kindgeleitetes Lernen. Damit ist mehr gemeint als ein Zuschnitt der Inhalte, Ziele und Verfahren auf die Lernmöglichkeiten des Kindes. Dies meint, daß Kinder selber ihr Lernen leiten unter Berücksichtigung ihres individuellen Entwicklungsstandes und in Nutzung ihres Lernwillens. An zwei zusammengehörenden Beispielen sollen diese Ansätze kurz skizziert werden.

Kindgeleiteter Schriftspracherwerb: Während traditioneller Erstleseunterricht lehrgangs- und fibelorientiert arbeitet, haben Kinder tatsächlich unterschiedliche Vorerfahrungen mit Schriftsprache gemacht, sind unterschiedlich motiviert und haben einen unterschiedlichen Zugang zur Schriftsprache. Pädagogisch konsequent wäre, nun den Kindern reichhaltiges Textmaterial anzubieten, Lesen und Schreiben miteinander zu verbinden, die vom Kind beschrittenen eigenen Lernwege zu beobachten und fördernd zu begleiten.

Dieser Ansatz wurde hierzulande besonders bekannt durch Hans Brügelmann: Kinder auf dem Weg zur Schrift. Konstanz: Faude 1983

Kindgeleitetes Rechtschreiblernen: Im Zusammenhang mit dem kindgeleiteten Schriftspracherwerb gewann auch die Frage an Bedeutung, ob die normierte Orthografie ebenfalls kindgeleitet erworben werden kann. Viele Untersuchungen lassen den Schluß zu, daß dies möglich ist — vorausgesetzt, man läßt Kindern Zeit und Freiheit, fördert ihr Normbewußtsein und gibt individuelle Hilfen. Dabei läßt sich ein Entwicklungsprozeß beobachten von lauttreuer Schreibweise über die allmähliche Übernahme und Integration typischer Rechtschreibmuster zur entwickelten Rechtschreibfähigkeit.

Dies wurde mit Beispielen und Hinweisen vorgestellt von Gudrun Spitta: Kinder schreiben eigene Texte — Bielefeld: CVK 1985.

Solche Ansätze werden wohl in nächster Zukunft noch nicht allgemeine Verbreitung finden, dazu brechen sie zu sehr mit traditionellen Arbeitsweisen und verlagern in erheblichem Maße Entscheidungsprozesse von Fibel und Schreiblehrgang auf die Lehrerin. Doch müssen sie bei der Diskussion um den Sprachunterricht heute als eine wesentliche Entwicklungsperspektive einbezogen werden.

4. Gegenläufige Praxistendenzen

Niemand, der die Schule von innen kennt, wird annehmen, daß sich die neueren didaktischen Ansätze und Entwicklungen in der Unterrichtspraxis auch durchgängig wiederfinden. Tatsächlich zeigt die Unterrichtswirklichkeit in den Schulen ein qualitativ sehr unterschiedliches Bild; und es lassen sich — eigener Beobachtung in zahlreichen Grundschulklassen nach — auch gegenläufige Tendenzen feststellen:

Buchorientierung: Viele Grundschullehrer orientieren sich an den in der Schule eingeführten Schulbüchern. Je mehr sie ihren Unterricht davon leiten lassen, umso weniger können sie damit einer kommunikationsdidaktischen Konzeption entsprechen, geschweige denn Ansätze kreativen, kindgeleiteten Unterrichts verwirklichen. Dies hat mehrere Gründe:

- Lesebücher können nicht über ein Schuljahr hinweg Lesemotivation aufrechterhalten. Zudem erfordert ein lebendiger, auf die Lebenswirklichkeit und den gesamten Unterricht bezogener Unterricht oft bestimmte Texte, die ein Lesebuch — auf fiktive Schulklassen zugeschnitten — häufig nicht bieten kann. Durchgängiger Lesebuchunterricht kann deshalb notwendigerweise nicht kindorientierter Umgang mit Texten sein.
- Reale Kommunikation und reale Anliegen in der Klasse können im Lese- und im Sprachbuch nicht angesprochen werden, weil in diesen Medien zwangsläufig von fiktiven Klassen mit angenommenen Themen ausgegangen werden muß. (Beispiel: Sprachbuchthema „Unser Klassenraum" mit Bild und Aufträgen — während der Klassenraum der Klasse anders aussieht und andere Gestaltungsprobleme bewältigt werden müßten).
- Sprachbucharbeit kann auch nicht an den Sprachmöglichkeiten und -bedürfnissen der jeweiligen Kinder ansetzen, sondern muß — medienbedingt — sprachliche Inhalte und Mittel, bezogen auf eine fiktive Lerngruppe, vorab festlegen. (Beispiel: ein klassenbezogener Grundwortschatz kann mit dem Sprachbuch nicht erarbeitet werden, weil es von einem vorgegebenen Wortschatz ausgehen muß, um hierauf seine Texte und Übungen abzustellen).
- Fachintegrierender und fächerübergreifender Unterricht kann häufig nicht verwirklicht werden, weil Sprachbücher nicht auch Lesebücher sind und schon gar nicht zugleich Sachbücher sein können. Lesen und Schreiben fallen deshalb in der Regel auseinander. Im Sprachbuch werden zwar Sachthemen angesprochen, weil sie für entsprechende Sprachakte (wie etwas protokollieren, eine Bastelanleitung schreiben) notwendig sind, aber dies geschieht verkürzt und nicht mit der aktivierenden Intensität und dem begrifflichen Lernen, wie dies für sachunterrichtliche Arbeit nötig ist.

- Sprachbuchorientierter Unterricht folgt häufig einer Verlaufsfigur, die auf anweisungsbezogene schriftliche Sprachverwendung abzielt: das neue Thema wird mit der Klasse angesprochen, die Aufgaben werden mündlich erläutert und im Ansatz erprobt, dann zur schriftlichen Bearbeitung überlassen. Dadurch werden mündlicher Sprachgebrauch und Eigentätigkeit erheblich vernachlässigt.

(Von didaktisch miserablen Unterrichtswerken, von Werken, die seit über zwei Jahrzehnten, z.T. nur geringfügig kosmetisch retuschiert, in Gebrauch sind, ganz zu schweigen).

Formalismustendenzen: Die Sorge, die Kinder für weiterführende Schulen zu wenig zu rüsten, und der Wunsch, beobachtbare Erfolge zu erreichen, können zu eher formalistischen Zielsetzungen führen. Gerade hier zeigen sich Beharrungstendenzen von formalistisch geprägten „Methodiken" im Gefolge der Muttersprachlichen Bildung:

- Im „Aufsatzunterricht" werden die Darstellungsformen: Erzählung, Bericht, Beschreibung, Brief mit formalen Vorschriften vermittelt und bewertet (z.B. Erzählung mit Einleitung — Höhepunkt — Schluß), obwohl solch formalisierte Schriftsprachkonzepte weder kindgemäß noch didaktisch vertretbar sind und diese Formen in dieser Art in der Lebenswirklichkeit außerhalb der Schule auch nirgendwo vorkommen (Beschreibung z.B. tritt in so verschiedenen Formen auf wie: Gebrauchsanweisung, Spielregeln, Lexikonartikel, Bild-Text-Kombination usw.).
- In kursartigen Unterrichtsreihen wird in eine grammatische Systematik eingeführt, grammatikalische Begriffe werden eingeübt, obwohl die situative und spielerische Erarbeitung „erster Einsichten in den Bau der Sprache" auch schon im Konzept der Muttersprachlichen Bildung zu den Grundforderungen für Kinder dieser Altersstufen gehörte, verbunden mit der steten Warnung vor zu früher terminologischer Arbeit.

Mit diesen Hinweisen soll nicht derzeitige Schulpraxis in Bausch und Bogen desavouiert werden. Doch wenn über Sprachunterricht heute nachgedacht und Anregungen dazu vermittelt werden sollen, müssen auch gegenläufige Tendenzen mit erheblichem Beharrungsvermögen angesprochen und mitbedacht werden.

Sprachunterricht heute — Ziele, Prinzipien, Wege

Welche Ziele verfolgt der Sprachunterricht?
Und wie sind diese Ziele am besten zu erreichen?

Die Antworten auf diese Fragen waren lange unstrittig, bis das Konzept der „Muttersprachlichen Bildung" Ende der sechziger Jahre seinen Absolutheitsanspruch verlor und heftige didaktische Kontroversen ausgetragen wurden, wie es in diesem Maße bei keinem anderen Fach der Fall war. Davon war im 1. Kapitel die Rede.

Heute haben die Kontroversen ihre Schärfe verloren, Positionen wurden angenähert, Anregungen integriert. Hierbei zeigt sich das Ausgangskonzept der Didaktik der sprachlichen Kommunikation als integrations- und erweiterungsfähig: der Projektgedanke und die Unterrichtskommunikation wurden früh zusammengebracht, aber auch Gegenbewegungen wie die Ansätze: Förderung der Kreativität und Beachtung der heuristischen Funktion von Sprache (gedankliche Klarheit durch Sprechen / Schreiben) wurden aufgenommen, ebenso wurden neue Herausforderungen integriert: Deutsch als Zweitsprache für Ausländerkinder, Ansätze kindgeleiteten Lernens (siehe Schaubild S. 8/9).

Damit können die eingangs gestellten Fragen heute wieder einvernehmlicher beantwortet werden. Dies soll in diesem Kapitel geschehen.

Eine Anmerkung sei noch zur Kennzeichnung des Konzepts gemacht: Es fragt sich, ob das Etikett: Kommunikationsdidaktik noch zweckmäßig ist, läuft man doch Gefahr, im Sinne der didaktischen Gründerjahre mißverstanden zu werden. Um solche Mißverständnisse zu vermeiden, findet man heute oft andere Etikettierungen wie „Didaktik des sprachlichen Handelns"; in dem Lehrplan Sprache für NRW von 1985 wird der Leitbegriff „Kommunikation" gar nicht mehr verwendet, stattdessen wird von „Sprachverwendungssituationen" gesprochen, gleichwohl ist das zugrunde liegende Konzept ein kommunikationsdidaktisches im skizzierten weiteren Sinne.

Aus diesen Verlegenheiten heraus wurde in diesem Buch auf ein Etikett verzichtet.

1. Leitende Ziele

Seine Begründung und besondere Ausprägung erhält der Sprachunterricht heute von den Leitzielen der Schule, insbesondere der Grundschule her: Heinrich Roth hat in seiner Pädagogischen Anthropologie das erzieherische Leitziel der Mündigkeit als Kompetenz gefaßt und zwar in einem dreifachen Sinne: als Selbst-, als Sach- und als Sozialkompetenz (Heinrich Roth: Pädagogische Anthropologie Band II. Hannover: Schroedel 1971, S. 180).

— *Selbstkompetenz* ist die Fähigkeit, für sich selbst verantwortlich handeln zu können.
  Hierbei spielen sprachliche Fähigkeiten zur gedanklichen Klärung von Situationen, von Handlungszielen, Fähigkeiten zum inneren Diskutieren und begründeten Entscheiden eine wesentliche Rolle.
— *Sachkompetenz* ist die Fähigkeit, für Sachbereiche urteils- und handlungsfähig und damit zuständig sein zu können.
  Sachbezogenes Erkennen ist auf Sprache als entscheidendes Instrument der Erkenntnisgewinnung, der Urteilsfindung und -rechtfertigung angewiesen. Sprache ist aber auch selber Sachbereich.
— *Sozialkompetenz* ist die Fähigkeit, für sozial, gesellschaftlich und politisch relevante Sach- oder Sozialbereiche urteils- und handlungsfähig und also ebenfalls zuständig sein zu können.
  Sprache ist eine symbolische Form sozialen Handelns und für die Verständigung unverzichtbar. Mehr noch: Urteils- und Handlungsfähigkeit erfordern sprachlich-geistige Erörterung und die Qualität von Verständigung, die sich an der Leitvorstellung des Diskurses orientiert (herrschaftsfreie Kommunikation).

Die drei Kompetenzen sind aufeinander bezogen und bedingen einander. Sie können nur in Situationen entwickelt werden, die sprachliches Handeln (als Nachdenken, als Kommunikation usw.) herausfordern: Situationen der Auseinandersetzung mit Sachproblemen und der Klärung / Regelung des sozialen Miteinander. Je jünger die Kinder sind, desto wichtiger ist, daß solche Situationen in Kommunikation mit anderen verlaufen. Inneres Diskutieren z.B. kann nur durch sprachliche Auseinandersetzung mit anderen gelernt werden, wobei deutlich werden kann, daß verschiedene Sichtweisen eingenommen werden, die formuliert, aufeinander bezogen und erwogen werden. Erst solche kommunikativen Erfahrungen befähigen dazu, die Kommunikation auch „nach innen“ verlagern zu können.

Diese allgemeinen Zielsetzungen müssen im grundschulpädagogischen Zusammenhang unter den leitenden Aspekten: grundlegend und kindorientiert konkretisiert werden. (Diese beiden Aspekte liegen zugrunde in Lichtenstein-

Rother / Röbe: Grundschule — Der pädagogische Raum für Grundlegung der Bildung. Weinheim: Beltz 1984)

Grundlegend heißt: der Zusammenhang der drei Kompetenzen bestimmt von Anfang an Unterricht und Erziehung in der Grundschule. Ein Kompetenzbereich darf nicht herausgelöst und auf spätere Klassenstufen verschoben werden, wie z.B. die Förderung der Sozialkompetenz, etwa weil Lesen, Schreiben, Rechnen zunächst wichtiger erscheinen. Vielmehr muß auch die Einführung in diese sog. „Kulturtechniken" im Rahmen eines Klassenlebens geschehen, an dessen Gestaltung sich die Kinder aktiv beteiligen. Innerhalb eines Kompetenzbereiches darf nicht die Handlungsebene ausgeklammert werden, weil erst von ihr her das Lernen seinen Sinn bekommt. Die Lesefähigkeit als Element der Sachkompetenz muß von Beginn an von den Kindern als Erweiterung ihrer Handlungsmöglichkeiten verstanden werden: als Hilfe zur Orientierung in ihrer Lebenswirklichkeit, als Quelle neuer Erfahrungen. Gleiches gilt für das Schreiben, das nicht auf schreibmotorische Übungen begrenzt werden darf.

Kindorientiert heißt: Sprache als symbolische Form sozialen Handels wird vorrangig im konkreten Sprachhandeln erfahren: Die Kinder bringen von Anfang an ihre sprachlichen Fähigkeiten, die sie vor und außerhalb der Schule erworben haben und ausbilden, in die Schule ein. Hier verwenden sie die Kinder in den vielfältigen Situationen des gestalteten Klassenlebens und in den Situationen des planvollen Unterrichts. Die neuen Anregungen und Herausforderungen (durch die Lerngruppe, durch Unterrichtssituationen, durch die Erschließung von Sachverhalten) erweitern ihre sprachlichen Fähigkeiten. Dies gelingt nur dann, wenn die Schule den Kindern auch Raum und Zeit dazu gibt, soziale Beziehungen aufzubauen, sich mit Aufgaben auseinanderzusetzen, die ihren Bedürfnissen und Möglichkeiten entgegenkommen.

Da die Kinder mit unterschiedlich entwickelten Sprachfähigkeiten in die Schule kommen und unterschiedliche Bedürfnisse und Möglichkeiten haben und entwickeln, erfordert Kindorientierung auch Individualisierung.

Grundlegung ohne Kindorientierung führt zu Überforderungen und zur Auslese von Kindern, die den gesetzten Anforderungen nicht entsprechen (vgl. Fachkonzepte, die fachliche Systematiken für die Grundschule zurechtstutzen).

Kindorientierung ohne Grundlegung vernachlässigt den Bildungsauftrag der Grundschule im Zusammenhang von Bildung und Erziehung überhaupt, so daß Kinder um für ihr weiteres Leben und Lernen wichtige Entwicklungen gebracht werden (vgl. romantisierende Vorstellungen von Unterricht, der Kinder sich „frei entwickeln" lassen will).

2. Vier Prinzipien

Die folgenden vier Prinzipien stehen in einer über hundertjährigen sprachdidaktischen Tradition:

Der Sprachunterricht war formalistisch (Einüben einer vereinfachten grammatischen Systematik), sprachnormbezogen (ausschließliche Geltung der Hochsprache und feststehender Normen) und schriftsprachorientiert (Vorrang des Schreibens und des Lesens). Dies war vor über hundert Jahren so. Damals trug Rudolf Hildebrand vor der deutschen Lehrerversammlung in Leipzig seine Prinzipien eines anderen, eines lebendigen Sprachunterrichts vor. Sein Buch „Vom deutschen Sprachunterricht in der Schule“ (Bad Heilbronn OBB, erstmals 1867 erschienen) gehört seitdem zum festen Bestand des didaktischen Denkens, das den formalistischen, normbezogenen und schriftsprachorientierten Deutschunterricht reformieren will. Angesichts verbreiteter Praxistendenzen hat es in wichtigen Kernaussagen nichts an Aktualität eingebüßt.

Die Prinzipien Hildebrands waren:

„*I. Der Sprachunterricht soll mit der Sprache zugleich den Inhalt der Sprache, ihren Lebensgehalt voll und frisch und warm erfassen.*

II. Der Lehrer des Deutschen soll nichts lehren, was die Schüler selbst aus sich finden können.

III. Das Hauptgewicht soll auf die gesprochene Sprache gelegt werden.

IV. Das Hochdeutsch, als Ziel des Unterrichts, soll nicht als etwas für sich gelehrt werden, sondern im engsten Anschluß an die in der Klasse vorfindliche Volkssprache oder Haussprache.“

Diese Prinzipien galten beim Konzept der Muttersprachlichen Bildung als wichtige Orientierungen und werden mit Recht auch heute wieder ins Bewußtsein gebracht.

Die folgenden vier Prinzipien haben in Hildebrand einen wichtigen Paten, werden aber im Zusammenhang des Sprachunterrichts heute neu gefaßt: Situationsbezug, Primat des Mündlichen, Entwickelnder Sprachausbau, Sprachprinzip bei aller schulischen Arbeit.

Prinzip 1: Situationsbezug

Sprachunterricht hat Situationen zum Ausgangspunkt, in denen Kinder sprachlich handeln und in denen sie ihr sprachliches Handeln als sinnvoll erfahren. Aus der Situation heraus begründet sich das Sprachlernen; in ihr verbindet sich die sprachliche Erscheinung mit einer inhaltlich-lebendigen Vorstellung.

Beispiele:

- Wortschatzerweiterung: Ein bisher unbekanntes Wort lernen die Kinder in einer das Wort klärenden Situation kennen: in einer Geschichte, in einer pantomimischen Darstellung, in einem Bild.
- Rechtschreibung: Neue Wörter für den rechtschreiblichen Grundwortschatz erwachsen aus dem Unterricht. Sie sind hierbei im Zusammenhang ihrer Verwendung inhaltlich geklärt, sie gehören zu den Wörtern, die die Kinder tatsächlich schreiben und werden deshalb als „Merkwörter“ dem bisherigen Grundwortschatz zugefügt.
- Grammatikalische Begriffe: Für ein eigenes Bestimmungsbuch: „Welche Blätter gehören zu welchen Bäumen?“ unterscheiden die Kinder die Blätter, den Wuchs und die Rinde der Bäume. Hierbei suchen und finden sie zutreffende Adjektive, sie lernen dabei auch diese Wortart kennen und terminologisch zu benennen.
- Textsortenkenntnis: Vor der Fahrt ins Schullandheim überlegen die Kinder, wie sie ihre Schuhe und Stiefel bei dem zu erwartenden Matschwetter säubern. Probeputzen in der Klasse führt zu einer Liste von Schuhputzmitteln, die mitgebracht werden müssen, und zu einem Anweisungstext, der auf Plakate geschrieben und im Schuhputzraum des Schullandheims dann aufgehängt wird.

Um es am Gegenteil zu verdeutlichen:

Das Prinzip Situationsbezug ist nicht beachtet, wenn Unterricht primär an Sprachbuchaufgaben orientiert ist, wenn Wörter des rechtschreiblichen Grundwortschatzes aus vorgegebenen Listen oder Karteien übernommen werden, wenn die Situationen des schulischen Alltags nicht auch für das Sprachlernen genutzt werden, wenn durch vorwiegenden Frontalunterricht das Spektrum an Situationen des Lebens und Lernens zu eng gehalten wird.

Prinzip 2: Primat des Mündlichen

Kinder bringen im Sprachunterricht ihre bereits erworbenen Sprachmöglichkeiten ein und handeln damit in der jeweiligen Situation. Dies ist zunächst und vor allem Sprechen und Verstehen im mündlichen Sprachgebrauch.

— Im Medium mündlicher Sprache machen sie sich verständlich, tauschen sie Erfahrungen aus, setzen sie sich mit ihrer Umwelt, den Mitmenschen und mit sich selber auseinander, suchen und finden sie Orientierungen.
— Im Medium mündlicher Sprache schaffen sie sich Zugang zu den Texten, tauschen sie Erfahrungen über Texte aus, gewinnen sie neue Zugänge zu Texten und Sichtweisen von Texten.
— Im Medium mündlicher Sprache untersuchen sie Sprachgebrauch und Sprache und gelangen zu sprachbezogenen Erkenntnissen.

Wiederum am Gegenteil verdeutlicht: Das Prinzip Primat des Mündlichen ist nicht beachtet, wenn nur hochsprachliches Sprechen akzeptiert und Kinder mit Sprachvarianten (Soziolekte, Dialekte) abgewertet werden, wenn die Kinder nur wenig Gelegenheit erhalten, sich über Texte / Sachverhalte / Probleme mündlich auseinanderzusetzen oder wenn dies nur ein besonders sprechaktiver Teil der Klasse macht (z.B. im Frontalunterricht), wenn Unterricht überwiegend buchorientiert verläuft.

Prinzip 3: Entwickelnder Sprachausbau

Kinder bringen in Situationen (siehe Prinzip 1) ihre Sprachmöglichkeiten ein (siehe Prinzip 2). Dabei erfahren sie durch Mitschüler, durch die Lehrerin / den Lehrer, durch Texte neue Sprachmöglichkeiten und erproben sie. Neue Situationen des Klassenlebens und des Unterrichts erfordern solche erweiterten sprachlichen Fähigkeiten. Die Kinder lernen, aus ihrem Repertoire die angemessenen sprachlichen Mittel zu wählen, einzusetzen und zu beurteilen.

Das Prinzip Entwickelnder Sprachausbau ist nicht beachtet, wenn Anregungen ausbleiben, die neue sprachliche Mittel erfordern, wenn Kinder nicht selber ausprobieren können, weil ihnen das Sprachbuch oder die Lehrerin die Normen vorgeben („Schöne Satzanfänge", Satzanalysen, Interpretationen), wenn das Leben in der Klasse (und Schule) keine Anregungen zum Sprachausbau enthält.

Prinzip 4: Sprachprinzip bei aller schulischen Arbeit

Situationen, die sprachliches Handeln herausfordern und fördern, bestimmen über den Sprachunterricht hinaus weithin das Leben und Lernen in der Schule:
— Das *Klassen- und Schulleben*, wenn es lebendig und vielfältig mit den Kindern entwickelt und gestaltet wird, ist ein reichhaltiges Lernfeld mit einer

Fülle sprachlicher Aufgaben, die den Prinzipien Situationsbezug, Primat des Mündlichen, Entwickelnder Sprachausbau entsprechen: sich unterhalten, Absprachen treffen, das Miteinander regeln, gemeinsame Unternehmungen, Feste und Feiern planen, durchführen und reflektieren.

— Sprachliche Fähigkeiten und Fertigkeiten sind *in allen Lernbereichen* erforderlich, der Zusammenhang von Denken und Sacherkennen macht Sprachförderung auch aus fachlichen Überlegungen heraus nötig: Erfahrungen austauschen, Fragen stellen, Probleme formulieren, Beobachtungen festhalten / mitteilen, nachdenken, Sachverhalte begrifflich fassen, Aufträge, Texte, Graphiken lesen.

Das Sprachprinzip bei aller schulischen Arbeit ist nicht beachtet, wenn kein absichtsvoll gestaltetes Klassen- und Schulleben entwickelt wird, wenn die Lernbereiche der Grundschule als isolierte Fächer unterrichtet werden, wenn Fachlehrer/innen die sprachliche Dimension mißachten, z.B. Fachbegriffe nicht erfahrungsbezogen entwickeln, vorwiegend buchorientiert arbeiten.

3. Curriculare Gliederung

Traditionell wird der Deutschunterricht nach den sprachlichen Zugriffsweisen gegliedert. Dabei ergeben sich folgende Teilbereiche (in Klammern verschiedene curriculare Titel aus den Konzepten Muttersprachliche Bildung und Kommunikationsdidaktik):

a) *Sprechen und Zuhören* (Gesprächserziehung / Sprecherziehung / Mündliche Textproduktion . . .)

b) *Schreiben* (Aufsatzerziehung / Schriftliches Gestalten / Gestaltungslehre / Schriftliche Textproduktion . . .)

c) *Lesen* (Leseerziehung / Literaturunterricht / Textrezeption . . .)

d) *über Sprachverwendung und Sprachsystem nachdenken* (Sprachbetrachtung / Grammatikunterricht / Sprachreflexion . . .)

Für die Grundschule werden in der Regel gesondert ausgewiesen und behandelt:

e) *Lesen lernen* (Leselehrgang / Lese-Erstunterricht . . . und ergänzend: Weiterführendes Lesen)

f) *Schreiben lernen* (Schreiblehrgang / Schreiberziehung . . .)

g) *Richtigschreiben lernen* (Rechtschreiben)

An dieser fachlichen Gliederung wurde bemängelt, daß die Trennung der Bereiche a) bis d) sich bis in den konkreten Unterricht fortsetze und damit wichtige Bezüge verlorengingen: Sprechen und Zuhören, den didaktischen

Prinzipien nach der zentrale Bereich mit grundlegender Bedeutung auch für die anderen Bereiche, werde zu einem Arbeitsfeld neben anderen; der Schriftspracherwerb werde in seine beiden Aspekte Schreiben und Lesen zerschnitten, obwohl sie von den grundlegenden Lernerfahrungen der Kinder mit Schriftsprache her aufeinander angewiesen sind; das Nachdenken über Sprache mißrate in der Isolierung allzu leicht zu einem Grammatikkurs.

Die getrennte Behandlung der sogenannten Lehrgänge e) bis g) verfestige deren Lehrgangscharakter und beziehe sich nicht auf die sprachlichen Verwendungsbereiche, die ihnen erst den Sinn geben: Lesen lernen auf den Bereich Lesen, Schreiben und Richtigschreiben lernen auf den Bereich Schreiben.

Demgegenüber fordere das Prinzip des Situationsbezugs ein anderes Gliederungskonzept, z.B. nach Situationstypen, in denen im unterrichtlichen Zusammenhang gesprochen und zugehört, gelesen und geschrieben sowie über Sprache nachgedacht wird, also z.B. ein Fest feiern, mit anderen korrespondieren, Konflikte in der Klasse klären und regeln.

So berechtigt nun die Kritik ist, so sehr mangelt es aber an überzeugenden Alternativen. Der Grund liegt m.E. in folgendem:

Für ein curriculares Konzept ist es nötig, die sprachlichen Zugriffsweisen deutlich zu machen, die Ziele und Inhalte (Fähigkeiten, Fertigkeiten, Kenntnisse) im Rahmen der jeweiligen Zugriffsweisen aufzuschlüsseln, um so eine Systematik der Ziele des gesamten Lernbereichs für die Lehrerin verfügbar zu machen.

Eine primäre Gliederung nach Situationstypen dagegen müßte die zu erwerbenden Zugriffsweisen, deren Teilfähigkeiten usw. ergänzend enthalten. Da dieselben Fähigkeiten in verschiedenen Situationen erforderlich sind, käme es zu ständigen Wiederholungen auf der Ebene der Fähigkeitsziele, was die Auflistung sehr unübersichtlich machen würde. Zudem würden Situationen für den Unterricht vorab festgelegt, die sich tatsächlich aber erst aus dem konkreten Zusammenwirken von Lebenswirklichkeit, Klassenleben, Unterricht und den Bedürfnissen / Interessen / Möglichkeiten der Kinder ergeben müssen.

Auf Grund dieser Überlegungen wird auch hier an der curricularen Gliederung nach sprachlichen Zugriffsweisen festgehalten. Allerdings: sie gilt nur für Planung und Reflexion des Unterrichts, für den „Hinterkopf der Lehrerin", hier hat sie ihren Sinn — nicht aber für die Durchführung des Unterrichts. Hierfür muß die Lehrerin ihren Blick für ergiebige Situationen schärfen. Dabei wird sie feststellen, für welche Teilfähigkeiten des Sprechens, Verstehens, Lesens und Schreibens die Situation besonders ergiebig ist, welche die einzelnen Kinder bereits beherrschen, welche geübt und ausgebaut, welche eingeführt werden müssen.

Beispiele für solche Situationen und ihre Nutzung finden sich im dritten Kapitel des Buches: Integrierter Sprachunterricht im Schulalltag.

Hier soll die folgende curriculare Gliederung zugrunde gelegt werden:

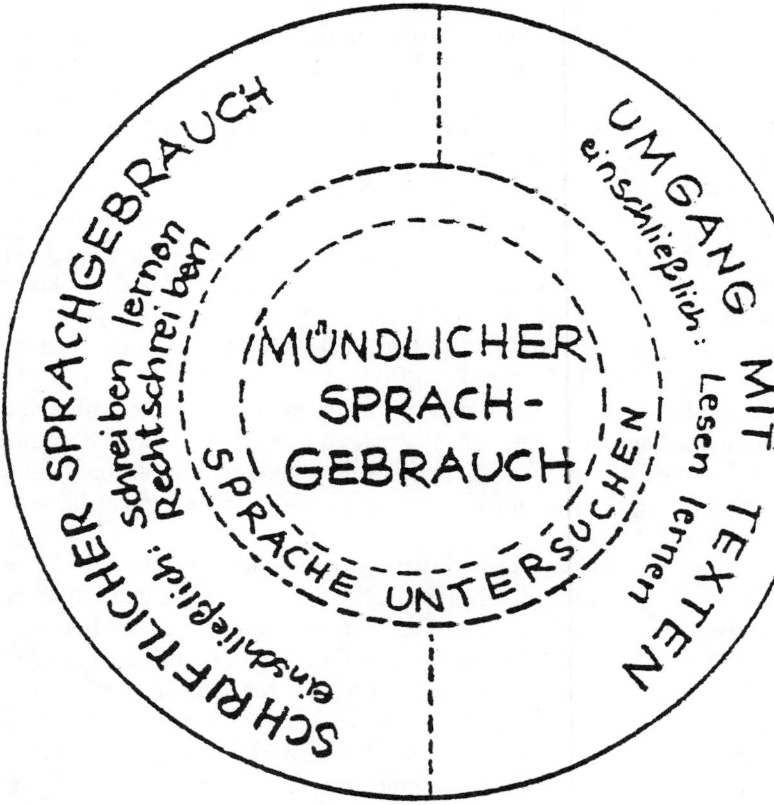

Im Zentrum steht der *Mündliche Sprachgebrauch* (Sprechen und Verstehen); der Schriftsprachbereich gliedert sich in die einander ergänzenden Teile *Schriftlicher Sprachgebrauch* (Schreiben) und *Umgang mit Texten* (Lesen). In allen drei Teilen wird Sprachgebrauch und Sprachsystem untersucht, in der Graphik wird *Sprache untersuchen* so angeordnet, daß dies deutlich wird. Die traditionellen „Lehrgänge" werden funktional in die Teile integriert, in denen die hier entwickelten Fähigkeiten auch verwendet werden: *Lesen lernen* im Teil Umgang mit Texten, *Schreiben lernen* und *Rechtschreiben* im Teil Schriftlicher Sprachgebrauch.

4. Mündlicher Sprachgebrauch

In weiten Bereichen ihres alltäglichen Lebens wurden die Kinder schon vor der Schulzeit mit zunehmender Sprachfähigkeit auch zunehmend handlungsfähig. Sprache, insbesondere gehörte und gesprochene Sprache, war dabei zugleich Medium und Gegenstand der Entwicklung: Im Element der sie umgebenden Sprache bildeten sich Wortschatz, Syntax und Fähigkeiten zur Sprachverwendung aus. Nun kommen die Kinder mit einer zwar unterschiedlichen, aber für ihre bisherige Lebenssituation ausreichenden Sprachfähigkeit in die Schule. Die Schule muß an diesem vor- und außerschulischen Spracherwerb anknüpfen, indem die Kinder in Situationen des alltäglichen Lebens in der Klasse und Schule ihre Sprachmöglichkeiten einbringen können und zugleich durch neue sozial- und sachgebundene Situationen zur Erweiterung ihrer Sprachfähigkeiten angeregt werden.

Der Entwicklungsstand ist bei den Kindern sehr unterschiedlich. Viele Kinder brauchen im Sinne *ausgleichenden Lernens* intensivere Zuwendung und Hilfe. Ihnen helfen:

— die sprachlichen Anregungen durch die Kommunikation in der Klasse.

— Gespräche im „kleinen Kreis“: Gruppe, Partner (evtl. auch mit der Lehrerin), um frei vom Situationsdruck des Gespräches der ganzen Klasse sich äußern zu können, um auf spontanes Nachfragen („Wie bist du denn dahingekommen?“ — „Warum hast du denn das so gemacht?“ u.ä.) unmittelbar reagieren zu können, oder um Formulierungshilfen von Gruppenpartnern zu bekommen, die ihnen bei der Äußerung vor der Klasse helfen können (eine wichtige Hilfe z.B. für sprachschwache Ausländerkinder kann die Patenschaft mit einem Gruppenmitglied sein, das als „zweites Ich“ im Klassengespräch mitformuliert).

— bildliche und sprachliche Vorgaben (z.B. beim Erzählen von Geschichten: Wortmaterial, bei Begründungen: die Satzstruktur: „......, weil ....“).

— spezieller Förderunterricht vor allem mit ausländischen Kindern mit bestimmten Fertigkeitszielen (z.B.: Übungen zu grammatisch schwieriger Satzkonstruktion mit den Modalverben mögen, wollen und müssen: flektierte Form des Modalverbs + Infinitiv, Übung als Einschleifübung durch Reihenbildung in kleinen Gruppen, situative Verwendung).

Zur Förderung des mündlichen Sprachgebrauchs werden folgende Ziele zugrunde gelegt:

- *den alltäglichen Umgang miteinander gestalten*
- *einander erzählen und einander zuhören*
- *sich sachbezogen verständigen*
- *szenisch spielen, vortragen*

den alltäglichen Umgang miteinander gestalten

Ziele	Wege
Personen und Räume kennen	Kennenlernspiele zum Schulanfang: Namenkärtchen zuordnen, „Mein rechter Platz ist frei“, Gesellschaftsspiele am Gruppentisch Geburtstagskalender mit Fotos, Geburtstagsfeier zum Beginn des Schulmorgens (Lied, Vorlesegeschichte, Tischschmuck) Ich-Blätter: Steckbriefe mit Fotos und Personalien, Text oder Bilder zu Fragen wie: Was ich gerne mag / Was ich nicht leiden kann / Was ich mir wünsche . . ., Veröffentlichungsformen: Wandzeitung, Klassenkalender Patenschaften: innerhalb der Klasse als Helfer, z.B. bei sprachschwachen Ausländerkindern, zwischen den Klassen 1 und 4 zur Eingewöhnung, zum Bilderbuchansehen, zur Gestaltung aktiver Pausen Monatsfeier (schulische Feier zu Beginn eines Monats, zu der jede Klasse etwas aus ihrem Unterricht beiträgt), analog: Schulbeginnfeier, Adventsfeier Offene Schultür: verschiedene offene Angebote in verschiedenen Klassen zur gleichen Zeit, wie: Handarbeit, Töpferarbeit, Theaterspiel, Schulzeitung, Pausengestaltung Erkundungen im Schulgebäude, Interviews mit Funktionsträgern (Sekretärin, Hausmeister, Schulleiter)
Bräuche und Regeln entwickeln und in das Handlungsrepertoire einbeziegen	feste Gewohnheiten im Tagesverlauf: Morgenkreis zur Begrüßung mit Lied und von Kindern gewähltem Spruch / Gedicht / Dialog, Besprechung des Tagesplans und Verschriftung an der Seitentafel; gemeinsames Frühstück, Absprachen über Inhalte, Partner; freie Zeiteinteilung bei Wochenplanarbeit; Wahl von Angeboten in der Freien Arbeit Bräuche: Geburtstagsfeiern, Spiel- oder Vorleserunde zum Wochenschluß, wöchentliche freie Lesestunde in der Schulbücherei Regeln: Gesprächsregeln, dabei unterschiedliche Gesprächsformen wie: Meldekette, geleitetes Gespräch, unterschiedliche Meldeformen für direkten und für weiterführenden Gesprächsbeitrag; Regeln für die Freie Arbeit, für das Verlassen des Klassenraumes Absprachen über Regeln situativ wiederholen, bei Schwierigkeiten: eine Regel wählen und zu Beginn der Arbeit als Tagesaufgabe bewußt machen, anschließend Erfolg reflektieren

Ziele	Wege
Klassenraum einrichten, verantwortlich nutzen und je nach Situation verändern	Sitzordnung: Grundsitzordnung, die Allein-, Partner-, Gruppenarbeit und Frontalunterricht zuläßt, Erzählkreis, freie Gruppierungen in den „Ecken"; dabei: Sitzordnungen ausprobieren, bei Situationen mit den Kindern geeignete Ordnung wählen „Ecken": Leseecke, Ecke mit Spiel-, Malmaterialien, Langzeitversuchen usw.; Absprachen über Nutzung der Ecken treffen; je nach Unterrichtssituation das Arrangement verändern, z.B. beim Thema „Vom Fliegen" Sachbücher, Technikkästen, Papierbastelecke, Modellaufbau eines Flughafens usw. Raumschmuck, dabei auch: Dokumentation der Lernerfahrungen der Klasse: Ausstellung auf Tischen mit Erläuterungen, Fensterbilder, „Wäscheleine" mit angehefteten Bildern, Wandzeitungen feste Gewohnheiten für die Bewegung im Klassenraum und die Arbeit in verschiedenen Ecken: Absprachen, Verschriftung auf Plakat, gegebenenfalls gezielte Beachtung einer Regel
Schwierigkeiten im Umgang miteinander besprechen und zu überwinden suchen	Aussprache bei Schwierigkeiten: Zeit dazu einräumen, Vereinbarungen treffen, gegebenenfalls: „Vertrag" zum Verhalten schließen, verschriften und aushändigen, einen ausgewählten Punkt bewußt beachten Rollenspiele als „Probehandeln" (auch: Spiel „aus dem Versteck", also mit Puppen als Stellvertreter) partnerbezogene Handlungsweisen: trösten, sich entschuldigen, sich absprechen, sich einladen zum Miteinanderspielen und -arbeiten

einander erzählen und einander zuhören

Ziele	Wege
von Erlebnissen erzählen	regelmäßiger Erzählkreis, z.B. als Montagmorgenkreis, dabei a) freies Erzählen (assoziativ) b) gebundenes Erzählen durch Zeitvorgabe: Wochenende, gestern nachmittag . . . c) gebundenes Erzählen durch Themenvorgabe: Fernsehen, Haustier, Schulweg, Vorlieben / Abneigungen . . . Erzählsituationen im unterrichtlichen Zusammenhang immer dann, wenn Erfahrungen der Kinder eine wichtige Rolle spielen (z.B.: bei Texten aus dem Kinderalltag, bei Sachunterrichtsthemen)

Ziele	Wege
Geschichten erfinden und ausgestalten	Erzählen nach Vorgaben: Bild, Bilderfolge mit offenem Schluß; Erzählanfang; Leitwörter wie: Kirschbaum — Hund — zerrissene Hose, Leitsatz wie: An diesem Morgen nahm ich wieder meine Verkleinerungspille; literarische Personen wie: Pippi Langstrumpf/Pumuckl; literarische Grundidee wie: Drei Wünsche frei! Gedicht: Weißt du wie der Sommer riecht (Herbst, Winter, Frühling). Umgestaltung vorgegebener Texte: a) als neuen Erzähltext: durch neuen Schluß, Einführung einer weiteren Person, Perspektivenwechsel z.B.: Umwertung der Personen wie: Gute Hexe und böser Hänsel oder Wechsel der Erzählperspektive wie: die Hexe erzählt; durch neue Darstellungsform wie: Erzählen zu Bilderfolge . . . b) als Inszenierung (Puppen-, Schatten-, Stegreif-, Rollen-, Theaterspiel)
aktiv zuhören	Vorbemerkung: Aktives Zuhören lernen die Kinder vor allem durch das Lehrerbeispiel. Die Lehrerin führt Redemuster ein, die sie selber regelmäßig verwendet; sie weist die Kinder in der Redesituation auf das jeweilige Redemuster hin. Wichtig ist, daß die Lehrerin solche Kinder, die gewohnheitsmäßig sie statt die anderen Kinder oder den Vorredner anreden, konsequent auf die richtige Adressierung hinweist: Sag es uns allen, nicht nur mir. — Du willst etwas zu Thomas sagen. Sprich ihn doch selber an. Bezug zum Vorredner: Einführung von Redemustern wie: Du hast eben gesagt . . . — Ich will noch mal was zu . . . sagen. — So etwas habe ich auch schon mal erlebt. Rückfragen: Einführung von Redemustern wie: Das . . . habe ich nicht verstanden. Bitte erzähle es genauer! — Warum hast du . . .? Wie sah . . . aus? Zustimmung oder Widerspruch: Einführung von Redemustern wie: Das kann ich gut verstehen. — Das ist bei mir auch so. — Das ist bei mir ganz anders. — Dazu habe ich aber eine andere Meinung. — Das gehört aber nicht zu unserem Thema.

sich sachbezogen verständigen

Ziele	Wege
Beobachtungen über Vorgänge, Personen, Dinge mitteilen, beschreiben	Rätsel (Ich sehe was, was du nicht siehst) Reporterspiel (zwei Kinder gehen ins Sekretariat, auf den Schulhof, an die Straßenkreuzung, zur Ampel, zur Supermarktkasse, sie beobachten, machen Notizen und berichten der Klasse) Beobachtung im unterrichtlichen Zusammenhang (sachunterrichtliche Themen, Musikhören, Film . . .) Kriterien: Vollständigkeit der Information („alles verstehen können"), sachlogisch richtige Reihenfolge, Verständlichkeit beim Vortragen (Einsatz eines Kassettenrecorders)
anderen etwas erklären und auf Erklärungen hin handeln	Anleitungen: Rezepte variieren wie: verschiedene Zutaten beim Obstsalat, Bastelanleitungen in Bild – Text – Kombination verfertigen, Spielplan und -regeln entwerfen, Nutzung der Schulbücherei klären Erklärungen zu Funktion und Bedienung (Druckampel, Tageslichtprojektor, Kassettenrecorder, Mikroskop)
Informationen geben und einholen	Aktives Zuhören (s.o.) Vorstellen von Hobbys, von Vorwissen zu interessanten Themen wie: Dinosaurier, Haustiere, Raumfähre . . . Interviews, Auskünfte bei Personen und Ämtern im unterrichtlichen Zusammenhang (Thema: Supermarkt – Kassiererin, Lagerarbeiter, Geschäftsleiter; Thema: Wald – Förster, Anwohner; Thema: Feste der ausländischen Kinder . . .)
Ideen, Pläne einbringen und auf sie eingehen	Beteiligung der Kinder an Planungen zur Gestaltung des Klassenlebens, des Unterrichts: Wunschthemen, Fragen zu gegebenem Thema, Sichten von mitgebrachtem Material zum Thema, Entscheidung über Arbeitsformen und Arbeitsweisen
Probleme sprachlich fassen und klären	Sachprobleme im unterrichtlichen Zusammenhang Sozialprobleme: Konflikte in der Klasse, siehe: Umgang miteinander gestalten; Konflikte in Texten / Bildern / Filmen beschreiben, analysieren, bewerten, lösen und Lösungen bewerten
sich über Gesprächsregeln verständigen	Gespräch über Gesprächsregeln (Melderegel, eigenen Beitrag zurückstellen können, beim Thema bleiben, auf Vorredner eingehen, fair sein, deutlich sprechen . . .)

szenisch spielen, vortragen

Ziele	Wege
pantomimisch spielen	Scharaden, körpersprachliche Zeichen (auch zur Verständigung in der Klasse), weitere Rätsel: Berufe, Tiere, Orte, Gefühle raten Pantomimen zu Liedern, Gedichten, Prosatexten; zu Musik (Bspl.: Peter und der Wolf), zu auf Kassette aufgenommenen Szenen
Geschichten, Ereignisse, Vorgänge inszenieren	Spielformen: Finger-, Handpuppen-, Stabpuppen-, Schatten-, Stegreif-, Rollen-, Theaterspiel nach Vorgaben (Märchen, Kindergeschichte): Ausbau durch Stegreifspiel, auch mit erzählten Zwischentexten; weiterer Ausbau möglich: — Festlegung der Szenenfolge — Ausgestaltung der Szenen (vom Stegreifspiel zum gemeinsam entwickelten Textspiel) — Herstellen der Requisiten, der Geräusche, der Musik Ausbau einer eigenen Spielidee Spiel eines vorgegebenen Textes: — Anlesen, Klärung des Inhalts — Nachspielen aus dem Stegreif — Leseproben, Rollenproben — Textveränderung usw. Rollenspiel a) als Probehandeln, z.B. vor Interviews b) als Konfliktspiele: Konfliktsituationen aus dem Alltag der Kinder im Spiel vergegenwärtigen — analysieren — Handlungsvarianten entwerfen und im Spiel erproben — Handlungen und Lösung beurteilen (bei besonderer Betroffenheit der Kinder auch Spiel „aus dem Versteck“, d.h. mit Puppen, „verkleidete“ Geschichten z.B. aus der Kinderliteratur)

Ziele	Wege
Gedichte und andere Texte gestaltet vortragen	*Textsorten:* Klangverse, Zungenbrecher, lautmalerische Gedichte, Erzählgedichte; verschlüsselte Gedichte; Dialoge, Geschichten zur *Sprechgestaltung:* Klangproben, Einführung von Markierungen (sinntragende Wörter, Betonungen, Atempausen), Verteilung auf verschiedene Sprecher *Verwendungssituationen:* In der Regel macht es Kindern Freude, Texte — zumal Klangverse, Zungenbrecher, Erzählgedichte, Dialoge — sprechgestalterisch zu üben und vorzutragen. Es sollten dazu aber auch Gelegenheiten geschaffen werden, vor Publikum vortragen zu lernen (Eltern, andere Klassen).

5. Umgang mit Texten, einschließlich Lesenlernen

Alle Texte, die in unserer Gesellschaft auftreten und die für die Kinder in den verschiedenen Medien und Publikationsweisen Bedeutung haben, können Gegenstand des Unterrichts sein. Der Textbegriff wird damit auch auf Comics, Filmarten im Fernsehen, bzw. Video, Plakate — kurz: auf alle Formen medial vermittelter Kommunikation angewendet.

Legen wir diesen weiten Textbegriff zugrunde, der sich bei zunehmendem Ausbau der neuen Medien noch eher vergrößert, dann haben alle Kinder bei Eintritt in die Grundschule bereits *Erfahrung mit Texten* gemacht. Allerdings differieren sie erheblich: Nahezu alle Kinder haben zwar Vorerfahrungen mit bildlich-klanglich vermittelten Texten (Fernsehen, Video), doch unterscheiden sich die Erfahrungen in Hinsicht der Inhalte und Sehgewohnheiten (Spektrum: Sesamstraße — Werbung — Krimi — Horrorvideo) und in Hinsicht auf die Aufarbeitung der Erfahrungen (Frage der begleitenden Gespräche z.B. mit den Eltern). Nur ein Teil der Kinder hat Vorerfahrungen mit Büchern, wenige Kinder haben vermutlich beobachten können, daß Lesen für die Erwachsenen große Bedeutung haben kann.

Der Unterricht muß deshalb zweierlei leisten:

a) die Kinder müssen ihre Erfahrungen mit Texten des tatsächlichen Konsums aufarbeiten, damit sie kritische Distanz gewinnen und selbstbewußt wählen und konsumieren lernen;
b) die Kinder müssen auch mit Texten umgehen lernen, die nicht zu ihrem täglichen Konsumspektrum gehören, die aber für ihre Entwicklung wichtig sind.

Der Übermacht *audio-visueller Texte* mit ihrer Suggestionswirkung auf Kinder steht allerdings eine Medienpädagogik gegenüber, die erst in den Kinderschuhen steckt; die Schulen sind für die Behandlung solcher Texte in der Regel schlecht ausgestattet; die gesellschaftliche Erwartung spricht gegen den Einbezug audio-visueller Medien im Unterricht („das sehen die Kinder ohnehin"), obwohl ja gerade das bewußte Sehen und das Gewinnen kritischer Distanz wichtige Aufgaben sein müßten. Andererseits muß das Lesenlernen und das Lesen überhaupt in der Schule Vorrang haben — wegen seiner besonderen Bedeutung für das weitere schulische Lernen und für die außerschulische Orientierung. Auch ermöglichen schriftsprachliche Texte besser als audiovisuelle Texte den aktiven Umgang mit dem Text (überfliegen, gliedern, vergleichen, Sprache untersuchen, verändern, umschreiben, vortragen usw.).

Im übrigen sind wichtige Kulturträger in schriftsprachliche Texte gefaßt, die lesen zu können für die nachwachsende Generation von Bedeutung ist (z.B. muß schon deshalb die Fähigkeit, verschlüsselte Sprache entschlüsseln zu können, vermittelt werden).

Aus diesen Gründen werden heute im Bereich „Umgang mit Texten“ trotz des weiten Textbegriffs und der auch in diesem Punkt sich verändernden Realität vor allem *schriftsprachliche Texte* zum Unterrichtsgegenstand gemacht. So auch hier. Notwendigerweise wird das didaktische Problem der audiovisuellen Medien in den nächsten Jahren aber verstärkt diskutiert werden. Derzeit bleibt zu hoffen, daß Ansätze (Einbezug von Fernsehserien und Werbung) und grundlegende Verfahren des Umgangs mit Texten, die im Schriftsprachlichen gelernt werden (untersuchen, interpretieren, produktiv nutzen), Übertragungseffekte haben.

Der Umgang mit Texten im eben skizzierten Sinne beginnt bei der Betrachtung der Bilderbücher, beim Märchenerzählen, beim Umgehen mit Namenkärtchen, beim Lesenlernen am Schulanfang; er schließt die Ausbildung der Lesetechnik im weiterführenden Lesen, das Nutzen der vielfältigen Lesesituationen in nahezu allen Lernbereichen ebenso ein wie den speziellen Literaturunterricht.

Dabei muß eine möglichst breite Lesemotivation und Lesefähigkeit aufgebaut werden

- in bezug auf die Textlänge (vom Kurztext bis zum Kinderbuch);
- in bezug auf die Textarten (poetische, pragmatische, triviale Texte);
- in bezug auf die Textsorten (vom Sachtext bis zum lautmalerischen oder verschlüsselten Gedicht);
- in bezug auf die Textschwierigkeit (das Kind soll auch für mühsamer zu erlesende Texte die notwendige Anstrengungsbereitschaft aufbringen, wenn das Lesen der Texte ihm als sinnvoll erscheint);
- in bezug auf verschiedene Lesemotive und Lesestrategien (anteilnehmendes, unterhaltendes, entschlüsselndes, Nachdenken und Handeln anregendes Lesen; gestaltendes Lesen; sinnerfassendes, orientierendes, selektierendes Lesen).

Die Schüler werden als aktive Mitgestalter des Unterrichts einbezogen — bei der Auswahl der Texte und beim Umgang mit den Texten. Dementsprechende Fähigkeiten und Fertigkeiten müssen entwickelt werden:

- die Kinder lernen, Textsammlungen zu nutzen (Sachbücher, Anthologien, Büchereien);
- die Kinder lernen nach Texten zu suchen, die in einer bestimmten unterrichtlichen Situation hilfreich sein können;
- die Kinder erwerben Lesestrategien;
- die Kinder setzen sich selbständig mit den Texten auseinander;
- die Kinder gestalten Texte neu (sprachliches Umgestalten, fachübergreifender Unterricht mit Kunst, Musik, Sport).

Besondere Bedeutung kommt solchen Texten und Textsorten zu, die zur alltäglichen Rezeptionsrealität des Kindes gehören (außerschulischer Konsum), die inhaltlich zur Lebenssituation des Kindes Bezug haben (Spiegelung des Alltags, der Probleme, der Wünsche und Träume, die Auseinandersetzung damit) und solchen Texten, die den bisherigen Erfahrungsraum der Kinder um neue, für das Kind bedeutsame Erfahrungen erweitern.

Im Laufe der Grundschulzeit müssen Teilfähigkeiten kritischer Lesefähigkeit entwickelt werden, indem Kinder zwischen appellativen und informatorischen Momenten in einem Text unterscheiden, indem sie Autorenabsichten und Kommunikationsstrategien erkennen oder Widersprüche zwischen Textaussagen und eigenen Erfahrungen entdecken lernen. So notwendig diese Zielperspektive ist, so sehr sind allerdings Lesemotivationen und elementare Lesefähigkeit grundlegende Bedingungen. Beides muß in der Grundschule vorrangig gefördert werden.

Anhand dieser Aufgabenbeschreibungen wird auch deutlich, daß ein Lesebuch nicht mehr Leitmedium im Bereich Umgang mit Texten sein kann. Wenn es nicht gänzlich durch andere Textsammlungen ersetzt wird, braucht es zumindest deren Ergänzung. Hierzu wurden in den vergangenen Jahren verschiedene Lesematerialien entwickelt:

— Kindertaschenbücher (z.B. in den Verlagen Arena, Otto Maier, Ravensburg, dtv, rororo -Rotfuchs-Reihe-)
— „Lesehefte für die Grundschule“, Klett Verlag, die ein vollständiges didaktisches Programm bieten (Ganzschriften, thematisch orientierte Textzusammenstellungen, Hefte mit Gedichten, szenischen Spielen). „Unterrichtsanregungen“ zu jedem Heft bieten Hilfen für den Umgang mit den Texten im Sinne des hier vorgetragenen Konzepts.

Die Ziele des Unterrichts werden im folgenden auf die Zugriffsmöglichkeiten auf Texte hin bezogen:

- sich auf Texte einlassen
- sie untersuchen
- sie werten
- sie nutzen und produktiv verwenden

Diese Zugriffsweisen unterscheiden sich bei den verschiedenen Textarten:

- bei poetischen Texten, die für neues Verständnis, für Interpretationen offen sind (z.B. Gedichte, Erzählungen . . .)
- bei pragmatischen Texten mit festliegender Bedeutung (z.B. Gebrauchsanweisungen, Lexikontexte . . .)
- bei trivialen Texten mit festen Mustern, die unterhalten und „entspannen“ sollen (z.B. Comics, Serientexte . . .)

Zugriffsweisen und Textarten können in einer Übersicht aufeinander bezogen werden. Diese Zuordnung liegt der Zusammenstellung von Zielen und Wegen (S. 57 ff.) zugrunde:

	poetische Texte	pragmatische Texte	triviale Texte
sich auf Texte einlassen			
Texte untersuchen			
Texte werten			
Texte nutzen			

Zum Lesenlernen

Lesedidaktisch ist der alte Streit: synthetisch oder ganzheitlich längst begraben.

Bernhard Bosch hatte bereits 1937 u. a. auch nachgewiesen, daß Lesenlernen auf das Miteinander von analytischen und synthetischen Denkbewegungen angewiesen sei und daß Lesenlernen immer einsichtiges Lernen sein müsse: das Prinzip der Buchstabenschrift müsse erfaßt werden, damit die Abfolge der Buchstaben zu einer Lautabfolge umgesetzt werde, dann in einem „schöpferischen Sprung" zur Entdeckung von Wortsinn/tatsächlicher Lautgestalt führen könne. (Bernhard Bosch: Grundlagen des Erstleseunterrichts, erstmals 1937, als Reprint 1984 bei Arbeitskreis Grundschule Schloßstr. 29, 6000 Frankfurt 90.)

Dennoch wurde der Streit synthetisch kontra ganzheitlich bis in die 60er Jahre hinein fortgesetzt. Erst dann wurden in Fibeln „methodenintegrierte" Verfahren zugrunde gelegt, wenn auch mit unterschiedlicher Akzentierung mehr ganzheitlich oder mehr synthetisch orientiert.

In den 70er Jahren entwickelte Hans Vestner einen Leselehrgang, der ohne Umwege mit der „direkten Hinführung zur Struktur der Buchstabenschrift" beginnt. Dieses Verfahren wird als *analytisch-synthetisch* bezeichnet. An Vergleichswörtern z.B. „Oma / Opa", „LISA / LILA" erkennen die Kinder mit der Wortbedeutung zugleich den Zusammenhang zwischen Laut (Phonem) und entsprechendem Schriftzeichen (Graphem). Ein Wortpaar wie Oma/Opa ist deswegen einfach und prägnant, weil die Wörter lautlich einfach zu gliedern sind, jedem Buchstaben ein Laut entspricht und *ein* Unterschied bereits Wort und Sinn verändert. Die Vergleichswortmethode wurde gewählt, weil die Kinder aktiv lesen lernen, indem sie die beiden Wörter auditiv und visuell vergleichend abtasten und durch Analyse und Synthese im Wechselspiel die Zusammenhänge von Laut und Buchstaben sowie den Wortsinn erkennen.

Damit geht es von Anfang an um sinnvolle Wörter (im Gegensatz zum synthetischen Verfahren) und um tatsächliche Leseerfahrungen (im Gegensatz zum ganzheitlichen Verfahren).

Der Lehrgang geht von lautlich einfach zu gliedernden Wörtern aus, an denen die grundlegenden Leseerfahrungen (Laut-Buchstabe-Beziehung) gemacht werden, führt weiter zu Konsonanten, die nicht lange klingen, und Lauten, die von Buchstabenkombinationen (zwei oder drei Buchstaben) repräsentiert werden, hin zu seltenen bzw. schwierigen Lauten / Buchstaben.

Das analytisch-synthetische Verfahren gilt derzeit als das nach heutigen Erkenntnissen geeignete Lehrgangskonzept und wird von vielen neueren Fibeln zugrunde gelegt.

Neben dem skizzierten Prinzip: *funktionsgerechter Umgang mit der Buchstabenschrift* gelten weitere, die sich aus der Einbettung in den Bereich: Umgang mit Texten ergeben:
Lesemotivation: Leselernerfahrungen und damit Motivation für Entdeckungen sind nur dann anzuregen, wenn von Anfang an sinnvolle Texte angeboten werden. Solange zunächst nur Texte mit eher spärlichem Wortmaterial möglich sind, muß der situative Zusammenhang (Illustration) kompensieren. Die Texte müssen das Lesen lohnen; es müssen Texte sein, die pointiert sind, die zum Gespräch, zum Nachspielen, zum Vorlesen anregen und die Schriftzüge aus der Lebenswirklichkeit der Kinder einbeziehen.
Vielfältige Texterfahrungen: Da die Fibeltexte, zumal am Anfang, oft wenig Varianten bieten, muß das Textangebot durch Texte zum Vorlesen, Nachsprechen, durch Illustrationen, die zum Erzählen anregen, ergänzt werden. Mit zunehmendem Lesefortschritt können unterschiedliche Textsorten in den Lehrgang einbezogen werden (Verse, Sprachspiele, Dialoge, Comcis, fantasie- und handlungsanregende Texte).
Bezug zum Leben und Lernen der Kinder: Inhaltlich müssen die Texte Bezug zur Situation der Kinder haben, so daß sie als Gesprächsanlaß dienen können (z.B. bei Themen wie: die neue Situation Schule, zu spät kommen, Schulweg, Geburtstag), zur Ausgestaltung des Klassenlebens anregen (z.B. bei Themen wie: Pausenspiele, Ich-Texte, Advent), zu fächerübergreifendem Unterricht beitragen (z.B. bei Themen wie: einkaufen, Tiere bei uns und anderswo, essen und trinken, Tag — Monat — Jahr).

Hinzu tritt als grundsätzliches Prinzip: *Differenzierung*, das angesichts der unterschiedlichen Vorerfahrungen mit Schriftsprache unabdingbar ist (das Spektrum reicht in vielen Klassen von Kindern, die schon zu Schulbeginn lesen können, bis zu Kindern, die echte Leseanfänger sind).

Alle Prinzipien können in einem Erstlesewerk nur annähernd verwirklicht werden. Unverzichtbare sind deshalb neben den Lehrgangstexten ergänzende Texte, auch in Form von Leseheften, Kinderbüchern, -zeitschriften, -texten und der Verzicht auf den Gleichschritt aller Kinder beim Lesenlernen.
Als Alternative zu den Fibelkonzepten wurde in den letzten Jahren das *„kindgeleitete Lesenlernen"* diskutiert, das auf eigengesteuerten Schriftspracherwerb abzielt:

— Lesen- und Schreibenlernen wird in Zusammenhang gebracht (die Kinder schreiben mit Lehrerhilfe eigene Texte, die wiederum auch zu Lesetexten werden, eine individualisierte Spielart der sog. „Eigenfibel");
— mit Hilfe von Anlautbildern erschließen sich die Kinder lautorientierte Verschriftungen;
— die vom Kind gewählten Lernwege werden beobachtet und fördernd begleitet.

Notwendig ist hierzu allerdings eine hohe lesedidaktische und -methodische Kompetenz der Lehrerin.

In den nächsten Jahren werden hier Weiterentwicklungen nötig sein. Dabei spielt die Frage eine zentrale Rolle: Wie können die genannten Prinzipien beim Lesenlernen noch besser berücksichtigt werden — durch Verbesserungen, Erweiterungen der Erstlesewerk-Konzepte oder durch den didaktisch-methodisch weiter auszuarbeitenden Ansatz des kindgeleiteten Lesenlernens? Oder erweist sich, was als Alternative erscheint, als mögliche Ergänzung?

(Zu speziellen Zielen und Wegen der Förderung von Lesetechnik: S. 62 ff.)

Zur Frage der Leseausgangsschrift

Didaktisch ist die Frage der Ausgangsschrift für das Lesenlernen längst zugunsten der Druckschrift geklärt. In der Praxis wird aber z.T. noch gewohnheitsgemäß an der Schreibschrift festgehalten. Deshalb seien kurz noch einmal die Argumente für die Druckschrift zusammengefaßt:

a) Die Druckschrift ist klar gegliedert, sie isoliert jeden Buchstaben, die Buchstabenformen sind prägnant und haben immer eine identische Form; alles dies trifft auf Schreibschrift, besonders aber auf die Lateinische Ausgangsschrift, nicht zu. Wegen dieser Vorzüge werden Druckschriftbuchstaben eher wiedererkannt und sind Analyse und Synthese mit Druckschriftwörtern/ -buchstaben leichter durchzuführen als mit Schreibschriftvorlagen.

b) Diese Vorzüge für den Anfangsunterricht haben positive Auswirkungen auf die Leserichtigkeit und Lesegeläufigkeit, was inzwischen mehrfach empirisch belegt ist. Z.B. kam Jakob Muth zu dem Ergebnis, daß alle Druckschrifttexte geläufiger und mit weniger Lesefehlern gelesen wurden als Schreibtexte. Dies war sogar dann der Fall, als die Kinder den Text zuerst in Druckschrift und zwei Stunden darauf denselben, also schon bekannten Text in Schreibschrift lasen. Selbst Kinder, die das Lesenlernen mit der Lateinischen Ausgangsschrift gelernt hatten, lasen in Klasse 2 Druckschrifttexte schneller und mit weniger Lesefehlern. (Jakob Muth in: K. Meiers: Erstlesen. Bad Heilbrunn: Klinkhardt 1977, S. 147).

c) Handgeschriebenes tritt heutzutage zugunsten von Schreibmaschinen- und Computertexten (jeweils in Druckschrift) erheblich zurück. Die Umwelt der Kinder ist von Druckschriftformen mitgeprägt (Fernsehtafeln, Schildertexte, Plakate, Aufdrucke . . .). Vorerfahrungen mit Schriftsprache, die Kinder mit in die Schule bringen, sind vorzugsweise an Druckschrifttypen gebunden; für Übungsmöglichkeiten und Eigenentdeckungen außerhalb der Schule bieten sich allerorten Druckschrifttypen an. Auch vom Konzept des Bereichs „Umgang mit Texten" her kommt also nur die Druckschrift als Leseausgangsschrift in Frage.

d) Das Lesenlernen wird unterstützt und die beiden Seiten des Schriftspracherwerbs werden zusammengebracht, wenn die Kinder in der Leseausgangsschrift auch selber schreiben. Anstelle der ungleich komplizierteren Lateinischen Ausgangsschrift bietet sich hier das Schreiben in Form von Buchstabenkleben, Stempeln, aber auch vor allem von eigenem Schreibdrucken an (hierauf wird im Kapitel: Schriftlicher Sprachgebrauch näher eingegangen, S. 68).

Was bisher als „Druckschrift" bezeichnet wurde, ist tatsächlich ein Sammelbegriff für nicht-verbundene Schriften. Im schulischen Bereich ist aber jeweils eine Form gemeint, die unter dem Begriff *Gemischt-Antiqua* firmiert: Sie ist prägnant, leicht zu schreiben und Grundlage der meisten Druckschriftvarianten in der Umwelt der Kinder.

sich auf Texte einlassen

Ziele	Wege
Texten gegenüber Neugier und Lesefreude entwickeln	*Freies Lesen:* Klassenbücherei / Leseecke: vielfältige Lesematerialien in einer Leseecke bereitstellen, die Kinder Bücher, Kassetten mitbringen lassen Leseatmosphäre: Leseteppich, freie Gruppierung im Raum, Lesestille, Partnerlesen im Flüsterton, Lesetips durch Kinder Lesezeit: freies Lesen nach getaner Arbeit, regelmäßige stille Lese- und Arbeitsstunde (z.B. einmal in der Woche) *Förderung der Lesemotivation:* am Schulanfang: Erzählen / Vorlesen auch in kleineren Gruppen (Eltern, Kinder höherer Klassen als Vorleser einbeziehen) bei entwickelter Lesefähigkeit: Anlesen eines Textes, selber weiterlesen lassen; reihum Vorlesen in kleinen Gruppen. Wechsel der in die Leseecke einbezogenen Bücher nach Wünschen der Kinder (Bücher zu Fernsehserien, Sachbücher über Dinosaurier . . .), nach Unterrichtsthema (Sachbücher, Zeitungsausschnitte) mit dem Angebot, Wandzeitungen oder Referate vorzubereiten; *Lesen im Zusammenhang des Unterrichts:* zur Überschrift Erwartungen an den Text überlegen lassen (antizipieren), nach Absätzen mit offener Weiterführung anhalten, Kinder überlegen Fortführung, lesen selber weiter
das eigene Textverständnis klären und miteinander austauschen	nach Erstbegegnungen mit Text spontan über den Text sprechen, besonders den Text auf eigene Erfahrungen beziehen (ähnlich? anders? wünschenswert? nicht zu wünschen?), gemeinsame und unterschiedliche Erfahrungen austauschen und zu verstehen suchen (bei Bezug auf Textpassagen: am Text belegen) nach Textbegegnung zum Text zeichnen oder malen („Das hat mir gut gefallen" — „Das fand ich am lustigsten" — „Da habe ich Angst um . . . gehabt." usw.), Bilder in Kreismitte legen und besprechen (erzählen, begründen)
sich auch mit schwerer verständlichen Texten auseinandersetzen	Motivationen: Lexikontext im Zusammenhang einer Sacherklärung, Aufschließen „verschlüsselter" Texte (z.B. Gedicht), Forscherlesen (Lesen schwieriger Informationstexte), Lesen von Anleitungen zum Basteln / Werken / Zaubern . . .

Texte untersuchen

Ziele	Wege
verständniserschwerende Textstellen überwinden	Problemstellen nennen, evtl. schon im Gespräch klären *Lesehilfen lernen:* Sachtexte / Geschichten: — unbekannte Wörter anstreichen, nachschlagen, im Text „übersetzen" — unzureichende Sachinformationen ausgleichen — komplexe Sätze auflösen und in kurze Sätze umschreiben oder durch Weglassen von Wörtern (Wegstreichen) auf das Notwendige kürzen — ersten Sinnabschnitt suchen und markieren — lesen (auch laut) — Worterklärungen und Satzvereinfachung wie oben — nochmals lesen — Inhalt wiedergeben, ohne in den Text zu sehen — kontrollierend nachlesen — nächsten Sinnabschnitt suchen usw. verschlüsselte Texte: bildhafte Wörter / Wendungen entschlüsseln, Gegenüberstellung: „Das wird gesagt — das ist gemeint" (später: Bild — Wirklichkeit)
Textaufbau ermitteln	in Abschnitte gliedern („Wann geschieht etwas Neues?"), in Szenen auflösen (Bilderfolge malen) Serientexte: gleichbleibende Bausteine durch Vergleichen ermitteln (Donald-Duck-Comics, Enid-Blyton-Bücher, Fernsehserien für Kinder); selber eine Folge entwerfen, ausführen
Art und Funktion der Darstellungsmittel herausfinden	sprachliche Mittel, die den Text lustig, ernst, spannend . . . machen, entsprechende Mittel (Wortwahl, Sätze, Satzzeichen) unterstreichen, besprechen Vergleich von Texten („Was ist ähnlich?") — Comics: Bilderfolge, Sprech- und Denkblasen, besondere graphische Mittel wie: Bewegungszeichen, Geräuschzeichen . . . — Gedichte: Zeilen, Strophen, Rhythmen, Reime, lautmalende Wörter, Verschlüsselungen . . . entsprechend: Dialoge, Kindergeschichten, Gebrauchsanweisungen usw. Wirkung von Darstellungsmitteln — durch Gegenüberstellung verdeutlichen (z.B. am Thema Frühling: Sachtext — Gedicht) — durch eigene „Übersetzungen" bewußt machen (z.B.: Gedicht entreimen, Erzählung dialogisieren, Comic erzählen)

Ziele	Wege
	Bei diesen Untersuchungen können die Kinder erste Einsichten in einige Textsorten gewinnen — aber als ein Ergebnis vieler gleicher / ähnlicher Erfahrungen, nicht als kurzfristig angezielte Formalisierung. Besonders eignen sich: Gedichte, Spielszenen, Serientexte, Rezepte, Spielregeln, Lexikontexte, Briefe
erste Einsichten in Formen und Aufbau von Büchern/Zeitschriften gewinnen	Bücher / Textsammlungen betrachten: Umschlag, Einband, Titel, Einteilung (Kapitel bzw. Beiträge), Angaben zu Autoren, Verlag, Herstellung, Erscheinungsweise, Preis . . . Hilfen zur raschen Orientierung: Inhaltsverzeichnis, Sachregister, Seitenangaben, Bücherkarte in der Leseecke / Bücherei (Findeübungen im Lesebuch, Lexikon, in der Fernsehzeitschrift, Tageszeitung usw.) Anwendung des Wissens bei Klassenzeitung (dann nachsehen, wie Zeitungen aufgebaut sind)
Sichtweisen von Personen, Gesellschaft, Technik, Natur erfassen	(Die folgenden Aspekte müssen auf den jeweiligen Text hin ausgewählt und inhaltlich konkret gefaßt werden.) Sichtweisen der Handlungsträger einer Geschichte: — Was meint A zu B? (Wie stehen sie zueinander?) — Was hält A von sich selber? — Was denkt A wohl in dieser Situation? — Welche Meinung hat A über den Gegenstand Z? Bei Unterschieden der Handlungsträger: Tabelle anfertigen und Unterschiede eintragen, Meinungen der Kinder ergänzen, im Vergleich diskutieren Sichtweisen des Autors („Wo wird deutlich, was der Autor selber dazu meint?") Gegenüberstellung von Texten mit unterschiedlichen Sichtweisen (z.B. zu Fragen des Umweltschutzes, der Konfliktbewältigung)

Texte und Textverstehen werten

Ziele	Wege
Einblick in Lesemotive und Lesehaltungen bei sich und anderen gewinnen	Austausch von Leseerfahrungen und Lesemotiven: — Welche Texte mag ich besonders? Warum? (entspr.: Welche nicht?) — Was gefällt mir an dem Text besonders gut? Warum? (entspr.: Was nicht?) — Warum lese ich diesen Text? Wann lese ich ihn? Zusammenstellung gleicher und unterschiedlicher Meinungen in der Klasse (mündlich, Tafeltabelle, Meinungszettel an der Pinnwand, Lesetips auf Bücherkarten, Hitliste) Besprechung der Unterschiede (z.B. „Wem empfehle ich dieses Buch?“) Beobachtung von Lesehaltungen (bei sich, bei anderen): Wort-für-Wort-Lesen bei Anleitungen, Fachtexten; gespanntes In-einem-durch-Lesen bei spannenden Geschichten; überfliegendes Lesen, wenn man eine Textstelle sucht usw. Lesehaltung bei schwierigen Texten, Lesehaltung bei leichten Texten
Texte unter verschiedenen Gesichtspunkten werten	Im Anschluß an die Bemühungen der Kinder, Sichtweisen von Personen und der Beziehungen zwischen Personen und Umwelt in Texten festzustellen, können diese Sichtweisen mit zunehmender Distanzfähigkeit bewertet werden: a) von der eigenen Meinung her b) von allgemeinen wichtigen Standpunkten her, die im Unterricht erarbeitet wurden (Beispiel: Thema Friedenserziehung Standpunkt: „Wenn man Frieden haben will, muß man ihn selber tun“. Handeln die Personen danach? Ist der Autor auch dieser Meinung? Wenn nicht, was schlägt er vor?) Anteil und Wert von Texten und Textverwendung erkunden: — im eigenen Leben (Schule, Freizeit, Kommunikation; „Wie sähe mein Leben ohne Texte aus?“) — im privaten und öffentlichen Leben (Umwelt, Kommunikation, Fernsehen, Firmen, Behörden, kulturelle Einrichtungen), Unterschiede zwischen verschiedenen Menschen

Texte nutzen und produktiv verwenden

Ziele	Wege
Informationen entnehmen	Einsatz von informierenden Texten bei offenen Sachfragen, Lesetechniken einführen (siehe oben: Texte untersuchen) vor allem Informationstexte mit Anweisungen nutzen: (Bastelanleitung, Rezepte) lesen — handeln, sachliche Richtigkeit und sprachliche Verständlichkeit durch Handeln prüfen Untersuchung der Informationen (richtig-falsch; knapp-ausführlich; der eigenen Erfahrung entsprechend — nicht entsprechend) Vergleich von Informationen in verschiedenen Texten/Textsorten (z.B. der Igel — im Märchen, im Sachbuchtext, im Lexikon)
Texte vortragen	Vortrag in verschiedenen Situationen (Gewöhnung an „Publikum"): im Unterricht, bei Feiern in der Klasse, auf dem Elternnachmittag, vor der Schulgemeinde Vortragshilfen: Klangproben, zeilenübergreifendes Lesen, Sinnwörter, Pausenzeichen Vortragsweisen: allein, in Wechselvortrag mit anderen, mit verteilten Rollen, im Chor; Begleitung durch Orffsche Instrumente; vorlesen, aus dem Gedächtnis vortragen dialogische, szenische Texte inszenieren (siehe: Mündlicher Sprachgebrauch: szenisch spielen, S. 48 f.)
Texte umgestalten	*Inszenierung:* — durch Umgestaltung von Prosatexten in szenisches Spiel (Stegreif-, Rollen-, Puppen-, Schattenspiel) — durch Einbezug von Musik (musikalische Untermalung, Zwischenmusik) — durch Ergänzung mit bilderischen Mitteln (in Art von Moritaten, Kurbelfilm: Bilderfolge wird zur Geschichte abgerollt) — durch Ergänzung mit Bewegung (Pantomine, Tanz) *Variationen des Textes:* — durch Änderung eines Textelements (neue Personen, anderer Schauplatz, z.B.: bei uns, anderer Schluß) — durch Perspektivenwechsel (Wechsel der Erzählerperspektive) — durch Gestaltung eigener Texte bei Übernahme der Struktur (besonders bei Gedichten, z.B.: „In dieser Minute" von E. Rechlin)

Lesefertigkeiten fördern

Für das Lesenlernen spielen auch Fragen der Förderung von lesetechnischen Fertigkeiten eine Rolle. Deshalb wird hier — ergänzend zu den übrigen genannten Zielen — ein Repertoire an Zielen und Wegen zum lesetechnischen Aspekt aufgelistet. Diese Übungen dürfen sich allerdings nicht verselbständigen.

Ziele	Wege
Laute/Lautkomplexe wiedererkennen und unterscheiden (auditive Analysen)	— Laute im Namen wiedererkennen — in vorgesprochenen Wörtern — in Wörtern, die durch Bilder repräsentiert sind, — Wörter mit gleichem Laut sammeln — „Gummiband"-Lesen (dehnsprechen) — Stellenwert abhören: Anlaut — Inlaut — Endlaut — ähnlich klingende Laute unterscheiden häufige Lautverbindungen (Silben, Morpheme, Signalgruppen u.a.) wiedererkennen (Wege wie eben)
Buchstaben/Buchstabenfolge erkennen und unterscheiden (visuelle Analyse)	*drucktechnisch gleiche Buchstaben:* — aus Vielzahl von Buchstaben gleiche herausfinden (Buchstabensalat, Wörter, Sätze) — aus ähnlich aussehenden Buchstaben identische herausfinden (d-b-p, m-n, n-r, F-E, ie-ei, ck-ch, B-P, l-t) — Buchstaben nachformen (Knete u.a.) — farbig herausgehobene Buchstaben in einem Wort mit Buchstabenkarte nachlegen — schreibdrucken *graphisch unterschiedliche Buchstaben/Wörter:* (verschieden in Schrifttyp, Größe, Raumlage): — vorgegebene Buchstaben/Wörter in Zeitungen, Katalogen usw. wiederfinden, ausschneiden, aufkleben *Buchstabenfolgen / Wörter:* — vorgegebene häufige Buchstabenfolge (Silbe, Morphem, Signalgruppe) in „Endlosreihe", in verschiedenen Wörtern wiederfinden, einkreisen — vorgegebene Buchstabenfolge aus verschiedenen Druckmaterialien herausschneiden, aufkleben — gleiche Wörter in Texten zuordnen, aus Druckmaterialien herausschneiden und aufkleben — vorgegebene Wörter nachdrucken — vorgegebene Wörter in veränderter Gestalt wiedererkennen (andere Drucktypen, Raumlagevariation, z.B.: in Wellenform gelegt)

Ziele — Wege

Beziehungen zwischen Lauten und Buchstaben erfassen

elementare Laut-Buchstabe-Beziehung:
- Buchstaben zeigen — benennen
- Laut sprechen — Buchstaben zeigen, schreiben, einkreisen (auch Zuordnung großer und kleiner Buchstaben)
- aus Gegenständen die heraussuchen, die mit dem gleichen Buchstaben beginnen, Buchstabenkarten zuordnen (als Spiel: „Kofferpacken")
- Rätsel:
  Ich habe etwas in der Tasche, das fängt mit □ an.
  Ich sehe etwas in der Klasse, das fängt mit □ an.
  . . . hört mit □ auf.
  Ich packe meinen Koffer und lege nur Sachen mit □ hinein.
- Die Lehrerin sagt das Wort, Kinder halten Buchstabenkarte hoch („Damit fängt das Wort an". — „Damit hört es auf").

ein Laut — eine Buchstabenfolge:
(sch, ei, au, pf usw.)
- Buchstabenfolge einkreisen, einfärben; weitere Übungen wie eben

ein Buchstabe / eine Buchstabenverbindung — verschiedene Laute
(ch in Licht und acht, s in stehen und Kiste):
- Wörtergruppen aus dem Lesematerial zusammenstellen:

ich	ach
mich	Dach
Licht	Nacht

Wortgestalten akustisch und optisch durchgliedern (Analyse und Synthese)

Wortaufbau:
- H - Ha - Has - Hase
- Hand - Han - Ha - H - Ho - Hos - Hose
- Post - Postau - Postaut - Postauto

gleiche Wortteile:
- vergleichen, gleiche Teile einkreisen, deutlich artikulieren:
  w ein en, B ein
  M ich ael, L ich t

Veränderungen des Sinns durch Austauschen, Weglassen oder Hinzufügen von Buchstaben:
- schreibdrucken, stempeln, kleben, mit Buchstabenkarten legen:
  Hase - Hose
  klein - kein
  Tim - Timo

Ziele	Wege
Wörter, Sätze erlesen	Beispiele für speziellen Anfangsunterricht: — Bild und Wort zuordnen — Bild und Text zuordnen — aus Wortbausteinen zusammensetzen — einen Satz aus durcheinandergewürfelten Wörtern herstellen — in Sätzen zusätzliche sinnwidrige Wörter herausstreichen *Syntheseübungen:* — lange Wörter lesen — in verschiedenen Leserichtungen lesen (Wörter diagonal, rückwärts, im Kreis angeordnet) — Texte in Geheimschrift schreiben (z.B. nach jeder Silbe -bi- einfügen) *Steigerung des Lesetempos:* — „beschädigte" Wörter lesen — Wortreihen lesen, bei denen von Zeile zu Zeile das Wort länger wird (Erweiterung des Lesefeldes) z.B.: Meer Meerschwein Meerschweinchen Meerschweinchenkäfig — zeilenübergreifend lesen — Lesehilfen verwenden: Sinnschritte finden und markieren Sinnwörter finden und markieren — unvollständige Sätze fortführen (auch als Spiel in Kettenform)

Literaturempfehlungen:

Lehrerhandbücher zu Fibeln und Lesebüchern

Hans Brügelmann: Kinder auf dem Weg zur Schrift. Konstanz: Faude 1983

Ruth Gümbel: Erstleseunterricht. Königstein: Scriptor 1980

A. von Wedel-Wolff / D. Rappsieber-Kurth: Weiterführender Leseunterricht. Braunschweig: Westermann 1978

6. Schriftlicher Sprachgebrauch, einschließlich Schreiben- und Rechtschreibenlernen

„Spaß am Schreiben oder Aufsatzerziehung" war der programmatische Titel eines Buches, das 1980 an die Schreibreformer der zwanziger Jahre anknüpfte (Gerhard Sennlaub; Spaß am Schreiben oder Aufsatzerziehung. Stuttgart: Kohlhammer 1980). Angesichts verbreiteter Aufsatzpflichtübungen, auch angesichts der abnehmenden Bedeutung des Schreibens in der Lebenswirklichkeit der Kinder ist dieses Anliegen ein wichtiger Merkposten:

die Freude der Kinder zu stärken, ihre neu erworbene Schreibfähigkeit zu nutzen und sie auszubauen.

Schreibmotive sind:

— zwischen Schreiber und Leser eine Beziehung herstellen: Briefe schreiben, Vereinbarungen festhalten, einladen („Schreiben für uns")
— andere unterhalten, anregen etwas zu tun oder über etwas nachzudenken, informieren („Schreiben für andere / an andere")

aber auch:

— Erlebnisse verarbeiten, sich über etwas klarer werden, Arbeits-, Denk- und Merkhilfen formulieren und festhalten („Schreiben für mich")

Schreiben trägt wesentlich zur sprachlich-geistigen Entwicklung der Kinder bei; dies läßt sich am *Unterschied zwischen Mündlichkeit und Schriftlichkeit* verdeutlichen:

Der Darstellungsvorgang ist beim Verschriftlichen erheblich verlangsamt. Dadurch kann die Unmittelbarkeit des Darstellens zwar gestört werden und der Gedankengang stocken. Andererseits hat der Schreiber gerade dadurch aber die Möglichkeit, unter stärker bewußter Planung und in Ruhe seine Gedanken zu entwickeln und sprachlich zu fassen.

Es fehlen die unmittelbare Rückkoppelung, die nichtsprachlichen Verständigungsmittel und die Einbindung in eine gemeinsame Situation, wie sie bei der mündlichen Verständigung gegeben sind. Dadurch muß der Schreiber vollständiger, ausführlicher und auf das vermutete Verständnis des Lesers hin formulieren.

Zudem: Schriftliche Texte sind objektivierte Äußerungen. Dadurch wächst der Anspruch an die sprachlichen Mittel. Zugleich ergibt sich aber auch die Möglichkeit, probeweise zu formulieren und Geschriebenes zu überarbeiten. Auf diese Weise erfordert Schreiben (im Unterschied zum Sprechen) größere sprachlich-geistige Überlegungen und gibt besondere Möglichkeiten, die sprachlichen Fähigkeiten zu fördern und gezielt auszubauen. Dadurch bleibt der schriftliche Sprachgebrauch auch angesichts der neuen Medien und Technologien, die eigenständiges Verfassen von Texten außerhalb der Schule erheblich an Bedeutung verlieren lassen, ein didaktisch unverzichtbares Arbeitsfeld.

An dem Unterschied zwischen Mündlichkeit und Schriftlichkeit wird ein weiteres deutlich: Didaktisch bedeutsamer als das Ergebnis ist der Prozeß dorthin.

Die Kinder lernen, *aus einer zum Schreiben anregenden Situation heraus die Hinweise zu entwickeln, die ihr Schreiben leiten* (für wen schreiben? über was? warum? mit welchen Mitteln?). Sie lernen dann, bewußter mit ihrer Sprache umzugehen; der fertige Text ist nicht der einmalige Wurf, eben der Aufsatz, sondern ein Text, der mit Hilfe der Schreibhinweise überprüft und verbessert werden kann. Der Prozeß, nämlich die „Arbeit am Text“ ist — didaktisch gesehen — damit für das Lernen bedeutsamer als das Ergebnis (während für die Kinder in der Regel das Ergebnis das Wichtige ist, für das sich die Anstrengungen lohnen müssen).

Für diese Arbeit am eigenen Text brauchen die Kinder oft individuelle Hilfen. Kann das eine Kind selbständig formulieren, so benötigt das andere Vorgaben (mündliches Erproben, Wörterlisten, Satzelemente, Textanfang ...). Kann das eine Kind mit Hilfe einiger Anmerkungen einen Text gründlich überarbeiten, so muß bei dem anderen Kind *ein* Überarbeitungsgesichtspunkt ausgewählt und besprochen werden. Solche differenzierten Hilfestellungen für einzelne Kinder und für Gruppen sind z.B. dann möglich, wenn die Kinder gelernt haben, auch ohne Lehrerin zu arbeiten: während die Lehrerin mit einer Gruppe den Text bespricht, schreiben die anderen selbständig oder mit Partnerhilfe.

Im Laufe der Grundschulzeit lernen die Kinder in entsprechenden Situationen, folgende *Schreibabsichten* zu verwirklichen:

- erzählen (z.B. durch Erlebniserzählungen, Bilder- oder Fantasiegeschichten)
- andere zum Handeln anregen oder verpflichten (z.B. durch Einladungen, Aufrufe, Zusammenstellung von Regeln)
- informieren und dokumentieren (z.B. durch Gebrauchsanweisungen, Sachinformationen, Meinungsäußerungen)

Dabei üben sie folgende *Schritte der Arbeit am Text:*

- Texte planen
- Texte aufschreiben
- Texte überarbeiten.

Schreibabsichten und Arbeitsschritte können in einer Übersicht aufeinander bezogen werden. Diese Zuordnung liegt der Zusammenstellung von Zielen und Wegen (S. 72 ff.) zugrunde.

	erzählen	zum Handeln anregen, verpflichten	informieren dokumentieren
Texte planen			
Texte aufschreiben			
Texte überarbeiten			

In der Unterrichtspraxis stellt sich immer wieder die Frage, ab wann die Kinder eigene Texte schreiben sollen, wobei das Richtigschreiben häufig zum Angelpunkt gemacht wird. Dahinter steht das traditionelle Fehlervermeidungsprinzip: Die Kinder dürfen nichts schreiben, was nach den Regeln der normierten Orthografie falsch ist.

Nach diesem Fehlervermeidungskonzept wird das selbständige Aufschreiben erst zugelassen, wenn das entsprechende Wortmaterial rechtschreiblich gesichert ist, bzw. wenn die Kinder eine gewisse Basisrechtschreibung erworben haben. Dieses Prinzip steht aber in Widerspruch zur tatsächlichen Ausdrucksfähigkeit der Schüler und zu ihrem Wunsch, sich schriftsprachlich zu äußern. Es steht auch in Widerspruch zu dem Ziel, Motivationen zum Schreiben auf- und auszubauen und nicht durch äußere Bedingungen (wie die der Normschreibung) zu drosseln oder zu vernachlässigen.

Viele Erfahrungen und empirische Untersuchungen sprechen dafür, Spontanschreibungen schon bei Schulanfängern zuzulassen und zu fördern, auch wenn die Kinder zunächst akustisch ermittelte Schreibweisen benutzen, also phonetisch schreiben. Ähnlich wie beim Sprechenlernen akzeptieren und lernen sie auch hier allmählich die richtigen Schreibungen — und werden bei zunehmendem Normbewußtsein nachfragen, bzw. in Wörterlisten nachsehen. (Auch von hier ergibt sich übrigens die Notwendigkeit, kommunikativ besonders wichtige und häufig vorkommende Wörter im Rahmen eines Grundwortschatzes frühzeitig zu üben; dazu später mehr.)

Sofern solche spontan geschriebenen Schülertexte veröffentlicht werden (Pinnwand, Klassenzeitung, Geschichtenbuch), müssen sie verbessert und neu geschrieben/gestempelt/gedruckt werden. Auch dieser Überarbeitungsprozeß ist für die Entwicklung von rechtschreiblichem Normbewußtsein und Normwissen wichtig.

Zum Schreibenlernen

Im Zusammenhang mit der kommunikationsdidaktischen Konzeption und den grundschulpädagogischen Aspekten: *grundlegend* und *kindorientiert* hat sich die Didaktik und Methodik des Schreibenlernens gewandelt.

Früher stand, vor allem auch unter dem Einfluß des Iserlohner Schreibkreises, der motorische und technische Aspekt des Schreibens im Vordergrund: in einem Vorkurs (reißen, kneten, schwingen) wurde die Schreibhand auf die Schreibbewegungen vorbereitet, dann wurden leicht „erschwingbare" Formen geschrieben (Schleifen, Arkaden, Girlanden), die in Buchstabenformen und in schwingbare Wörter überführt wurden (z.B.: eile). Wortinhalte und noch mehr: die Funktion des Schreibens traten hinter dem technischen Aspekt zunächst ganz zurück.

Grundlegend kann Schreibunterricht aber nur sein, wenn er von Anfang an auch den Funktionen des Schreibens entspricht (Mitteilung an andere, Eigentumskennzeichnung . . .).

Kindorientiert kann er nur sein, wenn er die vor- und außerschulischen Erfahrungen der Kinder mit Schrift und Schreiben einbezieht und die Freude der Kinder stärkt, selber schriftsprachlich aktiv zu werden.
Häufig schreiben Kinder bereits, wenn sie in die Schule kommen, nämlich ihren Namen. Sie verwenden dabei in aller Regel große Blockbuchstaben: TORSTEN. Dies kann nicht verwundern, weil diese Buchstabenformen in der Umwelt besonders augenfällig sind.

Erste Schreibschrift sollte deshalb die *Druckschrift* sein, und zwar in Form der Gemischt-Antiqua, die auch Leseausgangsschrift ist:
— Sie ist relativ leicht zu schreiben, weil sie aus nur wenigen Grundelementen besteht und Buchstabe für Buchstabe geschrieben wird.
— Das Schreiben kann parallel zum Lesen gelernt werden, dadurch wird das Lesenlernen besonders unterstützt (Synthese der Wörter, Verbindung von kognitivem und motorischem Lernen).
— Kinder können ihre Vorerfahrungen mit Schreiben einbringen und rasch in vielen Situationen funktional schreiben.
(siehe S. 69: Buchstabenformen)

Zweite Schreibschrift ist eine *verbundene Schrift*. Sie wird zu einem späteren Zeitpunkt eingeführt, nachdem die Kinder die Druckschriftbuchstaben kennen. Für die verbundene Schrift bieten sich derzeit vier Varianten an:

Bewegungsgrundformen für das Schreibdrucken

	Bewegungsgrundformen	Kleinbuchstaben	Großbuchstaben
Strich Waagrechte-Senkrechte Schräge-Zickzack	— | / \ /\/\/\	i k v w x y z	A E F H I L T K M N V W X Y Z
Arkade	mmm	f h m n r	
Girlande	uuuu	g j l t u	J U
Oval Linksoval-Rechtsoval	O O	a c d e o q b p	C G O Q
Bogen	3	ß	B D P R
S-Bogen	S	s	S

a) *Die Lateinische Ausgangsschrift* ist nach heutigem didaktischen Erkenntnisstand am wenigsten geeignet: Es fehlt eine klare Struktur, weil Buchstaben je nach Buchstabenanschluß unterschiedlich geschrieben werden und Buchstabengrenzen oft nicht deutlich sind (z.B. das -e- in der Verbindung -re- und in Verbindung -le-), weil viele komplizierte Bewegungsverläufe verlangt werden (z.B. Wellen- und Flammenlinien bei Großbuchstaben, mehrfacher Schreibrichtungswechsel in einem Buchstaben), weil manche Buchstabenverbindungen kaum richtig gelingen (z.B. rz). Verständlich, daß Kinder später die Schrift vereinfachen. Die Lateinische Ausgangsschrift verfolgt also das falsche Prinzip: Ausgang beim Schwierigen / Komplizierten, der Anwender möge es später selber vereinfachen.

b) *Die Vereinfachte Ausgangsschrift* ist aus der Kritik an der Lateinischen Ausgangsschrift hervorgegangen. Sie ist klarer gegliedert, weil jeder Buchstabe in jeder Verbindung seine Form behält, weil jeder einzelne Buchstabe formklar und einfach gestaltet ist, weil die Schreibrichtung erheblich weniger häufiger gewechselt wird.

c) *Die Schulausgangsschrift* ist die verbundene Schrift, die in der früheren DDR verbindlich war und heute vorwiegend in den neuen Bundesländern verwendet wird. Sie ähnelt in manchem der Vereinfachten Ausgangsschrift, hat aber u.a. ein Merkmal, das sich auch in der Lateinischen Ausgangsschrift komplizierend auswirkt. Alle Buchstaben in einem Wort werden miteinander verbunden. Deshalb variieren die Formen verschiedener Buchstaben je nach Buchstabenfolge, und Buchstabenverbindungen müssen gesondert gelernt werden. Damit ist die Schulausgangsschrift keine Alternative zur Vereinfachten Ausgangsschrift (Hans Brügelmann: Kinder auf dem Weg zur Schrift. Konstanz: Faude 1983, S. 187).

d) Vierte Variante ist die *individuelle Umgestaltung* der Druckschrift in eine verbundene Schrift. (Siehe: O. Lockowandt/A. Honegger-Kaufmann: Die Praxis des kreativen Erstschreibunterrichts. In: E. Neuhaus-Siemon: Schreibenlernen im Anfangsunterricht der Grundschule. Königstein: Scriptor 1981, S. 89ff.).

Zum Rechtschreibenlernen

Die deutsche Rechtschreibung folgt unterschiedlichen Prinzipien, woraus sich komplizierte Regelungen zur normgerechten Schreibung ergeben — Regelungen, die wiederum häufig nur eingeschränkt gelten. Dies bedeutet

a) Rechtschreiblernen kann in der Grundschule nicht vor allem über Regelungen erfolgen. Deshalb müssen vorzugsweise die Wortformen gelernt werden, die Kinder in ihrem schriftlichen Sprachgebrauch besonders häufig benötigen („Grundwortschatz“).

b) Der Wortschatz ist aber insgesamt zu groß, um Wort für Wort rechtschreiblich gelernt zu werden. Deshalb müssen die Grundwortschatzwörter die Basis bieten, um von ihnen her auf die Rechtschreibung anderer Wörter zu schließen. Aus den Regelungen kommen hierzu nur die in Frage, die einen möglichst großen Geltungsbereich haben.

Quantitativ muß der rechtschreibliche Grundwortschatz begrenzt werden. Orientierungswerte hierzu sind:

— bis Ende Klasse 2 etwa 300 Wörter

— bis Ende Klasse 4 etwa 1000 Wörter.

Dabei werden rechtschreiblich schwierigere flektierte Formen mitgezählt.

Inhaltlich muß der Wortschatz aus dem Unterricht erwachsen — im Zusammenhang mit den Unterrichtsthemen, dem Klassen- und Schulleben und dem Bedarf der Kinder für ihren schriftlichen Sprachgebrauch. Deshalb kann der Grundwortschatz auch nicht z.B. aus kommerziellen Materialien einfach übernommen werden.

Leitende Gesichtspunkte für die Erarbeitung des Grundwortschatzes sind vor allem die folgenden Fragen:

1. *Welche Wörter brauchen die Kinder für ihren aktuellen schriftlichen Sprachgebrauch?* („Merkwörter“, „Wörter der Woche“)

2. *Welche Wörter sind besonders geeignet, um die Rechtschreibung weiterer Wörter über den Grundwortschatz hinaus zu erschließen* (durch Analogien, über Wortbausteine, durch Bewußtwerden von Regelungen)? In den meisten Fällen findet sich im Gebrauchswortschatz (nach Frage 1) auch das Wortmaterial, das hier als Modellwortschatz zum weiteren Rechtschreiblernen benötigt wird.

In der Literatur wird — bisweilen sogar an erster Stelle — ein weiterer Aspekt genannt: die *Häufigkeit in der deutschen Rechtschreibung.* Dieser Aspekt ist sicher wichtig, führt aber aller Erfahrung nach bei Beachtung der hier genannten beiden Aspekte in der Praxis nicht zu weiterem Wortmaterial. Er kann deshalb vernachlässigt werden.

Rechtschreibunterricht, der nicht dogmatisch dem Fehlervermeidungskonzept folgen will (eiserner Grundsatz: Kinder dürfen nur schreiben, was rechtschriftlich richtig ist), sondern Rechtschreibunterricht, der die Kinder von Beginn an zum eigenen Schreiben ermutigt, muß auch Falschschreibungen im Sinne der DUDEN-Norm in Kauf nehmen.

Positiv gewendet: Ein solcher *kindgeleiteter Rechtschreibunterricht* setzt auf den Antrieb und die Fähigkeit der Kinder, sich ihre Sprache aktiv experimentierend anzueignen. Gudrun Spitta verweist auf einschlägige Forschungsergebnisse und schulpädagogische Erfahrungen, die sechs typische Stufen der Annäherung an die Normschreibung unterscheiden. Hier mag besonders die Entwicklung ab Stufe 3 interessieren:

3. Phase: Halbphonetisches Stadium

Erste Vorstellungen davon, daß Buchstaben die Laute eines Wortes abbilden; dabei werden meistens nur die für das Kind besonders prägnanten Laute abgebildet (PP = Puppe   ht = hat)

4. Phase: Phonetisches Stadium

Verfeinerung der Fähigkeit, die Lautstruktur der Wörter abzubilden, Einhaltung von Wortgrenzen (rufn = rufen   Fogl = Vogel)
Diese „lauttreue" Schreibung wird durch den Beginn des Leselernens unterstützt.

5. Phase: Phonetische Umschrift mit zunehmender Integration typischer Rechtschreibmuster (Klassen 1 und 2)

Durch den weiteren Verlauf des Leselehrgangs, durch erste Grundwortschatzwörter, durch korrigierte Fassungen der Lehrerin lernen die Kinder die Normschreibung häufiger Wörter und entwickeln Rechtschreibmuster (Silben erhalten Vokal, auslautendes -er und -en erhalten den Vokal, Analogien werden gebildet usw.).

6. Phase: Übergang zur entwickelten Rechtschreibfähigkeit (ab Klasse 2)

Verfügung über grundlegende Kenntnisse, Regeln (Großschreibung, Feststellen der Endschreibung bei Auslautverhärtung durch Verlängerung, Wortaufbau, Dehnungszeichen usw.) Hier spielen die sich vermehrenden, an der Schreibpraxis orientierten Grundwortschatzwörter, die individuellen Entdeckungen und Regelbildungen und der systematischere Rechtschreibunterricht entscheidende Rollen.

(Gudrun Spitta: Kinder schreiben eigene Texte. Bielefeld: CVK 1985, S. 73ff.).

Texte planen

Ziele	Wege
aus Situationen heraus Schreibanlässe finden und Schreibhinweise entwickeln	Im Unterricht muß deutlich werden, für welche Verwendungssituation der jeweilige Text geschrieben werden soll. Aus der geplanten Verwendung des Textes heraus lassen sich dann die Hinweise für das eigene Schreiben entwickeln. *Klassen 1 und 2:* Dies gilt schon für die ersten Texte. Beispiele: — Ein Kind darf zum Abschluß der täglichen Erzählrunde sein Erlebnis vom Vortag für die Lesekartei aufschreiben. Die Klasse hilft bei der schriftlichen Formulierung: Was war für den Erzähler besonders wichtig? Was muß im Text stehen, damit man das beim Lesen auch versteht? — Die Kinder laden die Nachbarklasse ein, um ihr ein Spiel vorzuführen: Was muß die Nachbarklasse wissen? Wie gestalten wir die Einladung? Wie überbringen wir sie? Solche Fragen entstehen beim Nachdenken über die Verwendungssituation vor und vor allem beim Aufschreiben. *Klassen 3 und 4:* Mit zunehmender Schreibgewohnheit und planerischer Fähigkeit werden die Schreibhinweise bewußter auch vorab entwickelt. In allgemeiner Formulierung geben die Hinweise Antworten auf die Fragen: — Für wen wird der Text geschrieben? — Warum wird der Text geschrieben? — Über was soll geschrieben werden? — Mit welchen Mitteln wird der Text gestaltet (graphisch, sprachlich)?
Textaufbau entwickeln	vor allem im lehrergeleiteten Unterricht: im Gespräch Textideen entwickeln, damit mündlich Textentwürfe erproben, Stichwörter /Gliederungspunkte festhalten (sprachgewandtere, planerisch schon fähigere Kinder leisten diese Aufgabe allmählich auch selber; andere Kinder brauchen Hilfestellung)

Ziele	Wege
sprachliche und graphische Mittel einsetzen	Wortfeldarbeit; Listen mit Wörtern, Fachbegriffen, Satzanfängen; spezielle Aufgabenstellungen: Verwendung von bestimmtem Wortmaterial, Vermeidung von „und dann" — Reihung, Einsatz wörtlicher Rede, Verwendung von Frage und Antwort . . . neugierig machende Überschrift, Ich-Erzählung, Spannung erzeugende Mittel . . . Graphik: Heraushebung der Überschrift, Blattaufteilung, Illustrationen . . . Beachtung formaler Festlegungen z.B. bei Briefen, Einladungen, Spielregeln, Comics (Solche formalen Festlegungen sollten die Kinder durch Vergleich von Texten selber herausfinden. Dies geschieht beim Umgang mit Texten — siehe dort).

Texte aufschreiben

Unter Schreiben ist auch Drucken, Stempeln, Schreibmaschineschreiben usw. zu verstehen

Ziele	Wege
Erlebtes/ Erdachtes aufschreiben (für mich für andere)	Ausgangspunkte sind häufig die Erzählsituationen im mündlichen Sprachgebrauch. Motive für das Aufschreiben können sein: Texte schreiben für das Geschichtenbuch, für die Erzähl- und Vorleserunde, die Klassenzeitung, die Korrespondenzklasse. Wenn Realsituationen nicht herzustellen sind, dann sind Lehrerin / Mitschüler behelfsweise die Leser. mögliche Vorgaben: Stichwort (Haustier, Schulweg, gestern nachmittag); Leitwörter (Auto — kleiner Hund); Anfang einer Geschichte („Heute morgen traf ich wieder das grüne Männchen . . ."); Figur (Pippi Langstrumpf), Gegenstand (Wunschring), Idee (Drei Wünsche frei! Nimmersatt-Geschichte); Bilderfolgen (Die Texte können je nach Sprachentwicklung der Kinder einen unterschiedlichen Textanteil haben; Bildunterschrift, Sprechblasentext, Gedankenblasentext, Dialog, Erzählung; Erfindung eines eigenen Schlusses)

Ziele	Wege
zum Handeln anregen/verpflichten (für mich für uns für andere)	Viele geeignete Situationen bietet das Klassenleben: Tages- und Wochenplan (in Klasse 1 zunächst mit Symbolen), Vorschläge für Feste, Ausflüge, Gesprächsregeln, Ämter, Absprachen; Einladungen, appellative Plakate, Ersuchen um Auskunft/ Information, Spielregeln
dokumentieren und informieren (für mich für uns für andere)	Viele geeignete Situationen bieten sich in verschiedenen Fächern an, besonders im Sachunterricht: Merkhilfen (Hausaufgaben, Vorformen von Protokollen), Texte für Informationsmappen, Notizen über Beobachtungen, Erläuterungen von Fachbegriffen; Buchkartei, Suchanzeige, Gebrauchsanweisung, Rezept; Auskunft einholen und Auskunft geben; aber auch: die eigene Meinung zu einem Problem, einem Sachverhalt formulieren und begründen

Texte überarbeiten

Ziele	Wege
	Die Schreibhinweise sind in der Regel auch die Kriterien, an denen die geschriebenen Texte geprüft werden. Manchmal verändern sich aber die Gesichtspunkte beim Schreiben (weil neue Lösungen entstehen), dann ändern sich auch die Kriterien. Manchmal entspricht der Text den Schreibhinweisen, befriedigt aber trotzdem nicht. Woran liegt das? Was muß geändert werden — die Schreibhinweise oder der Text? Auf jeden Fall dürfen Texte nicht nach allen möglichen, sondern müssen vor allem nach den erarbeiteten Kriterien beurteilt werden.
gelungene Texte erkennen	aufbauende Kritik Begründungen (Redemuster: . . . gefallen mir, weil . . .)
Texte überprüfen	Anlegen der Schreibhinweise, Meinungen am Text belegen, Feststellung von Auffälligkeiten, Unklarheiten, sprachlichen Schwächen — Vorschläge zur Verbesserung, zu Überarbeitungshinweisen (Differenzierung: Einzelberatung, Gruppenbesprechung)

Ziele	Wege
Texte überarbeiten	Überarbeitungshinweise und Hilfen: im Klassenunterricht einführen und zunächst in Gruppen üben, in Gruppen und individuell besprechen. *Hinweise durch* — Kurzkommentar zum Inhalt, zur Sprache, mit Hinweis auf Überarbeitungsaufgaben — Markierungszeichen — Formulierungsvorschläge, auch Wortfeldangabe *Verfahren:* — Wortwahl ändern — Abschnitt neu schreiben — „linguistische Operationen“: Klangprobe, Umstellprobe, Weglaßprobe, Ersatzprobe, Erweiterungsprobe — Rechtschreibhilfen — Zwischenprüfungen (Text Mitschülern zum Lesen geben, besprechen) (Differenzierung: Überarbeitungsaufgaben und Hilfen dosieren — von offenen Fragen und Anregungen bis zum Ersatz eines Wortes)

Rechtschreiben lernen

Grundwortschatz aufbauen und sichern	*Grundwortschatzwörter sammeln:* Umfang: Kl. 1 und 2: 300, Kl. 3 und 4: 700, jeweils einschließlich schwieriger flektierter Wortformen Grundwortschatzwörter sind: a) Wörter und Wortformen, die die Kinder bei ihrem schriftlichen Sprachgebrauch häufig verwenden. b) Wörter, die im Zusammenhang mit Schreibsituationen im Unterricht häufig gebraucht werden (auch: Sachunterricht, fächerübergreifender Unterricht, Projekte). c) Wörter, die als Beispiele für bestimmte rechtschreibliche Regelungen gebraucht werden. Sammlungen gemeinsam mit den Kindern z.B. als „Unsere Merkwörter“ an der Seitentafel, im Wörterheft, ab Klasse 2 in ein Heft mit ABC-Register oder auf Wortkarteikarten. *Wörter durchgliedern:* Die gesammelten Wörter werden unter dem Gesichtspunkt der Regelungen (siehe nächstes Ziel) durchgegliedert, Gemeinsamkeiten zu anderen Wörtern werden festgestellt, analoge Rechtschreibfälle in Wortlisten gesammelt.

Ziele	Wege
	Wörter anwenden: tägliches Kurzdiktat (Wörter, ein Satz zum Unterrichtsthema . . .) Selbstdiktat / Partnerdiktat (mit ABC-Heft, mit Kartei) weitere Übungsformen (Zusammenstellung von Wörtern unter bestimmten Aspekten, Aufschreiben aller Wörter, die man fehlerfrei schreiben kann, Wörterschlange usw.) Anwendung in Schreibsituationen

Eigenheiten der normierten Rechtschreibung kennen und nutzen

Ziele	Wege
Beziehungen von Lauten und Buchstaben erfassen	Dieses Ziel ist auch für das Lesenlernen bedeutsam (siehe dort). Daran anschließend sollten die einfachen Abweichungen von Laut-Buchstabe-Beziehungen im Rechtschreibunterricht aufgegriffen und besonders durch Wortreihen-Übungen bewußt gemacht werden: — ein Laut — eine Buchstabenfolge: ei, au, ch, eu, äu, sch mit Abweichungen: st, sp — ein Laut — verschiedene Buchstaben: f/v, chs/ks — Besonderheit des n-Lautes bei ng und nk
Ableitungen als Lösungshilfe nutzen	*Umlaute:* Ableitung der Wörter mit Laut/ä/, Zusammenhang ä-a, ebenso: äu-au (z.B. f*ä*rben - F*a*rbe, M*äu*schen - M*au*s) *Auslautverhärtung:* Verlängern der Wörter mit hart gesprochenem Auslaut, Erkenntnis: der Konsonant bleibt erhalten (z.B.: Han*d* - Hän*d*e, Sta*b* - Stä*b*e; auch: Schloß - Schlösser)
Regelungen zu Länge / Kürze von Vokalen nutzen	*langes /i/:* Die häufig besonders herausgestellte Schreibung des langen /i/ als -ih- oder -i- täuscht über die Vorkommenshäufigkeit. Dies Verfahren ist deshalb falsch. Mehrheitsregel: Die meisten langen /i/ werden als -ie- geschrieben. Wörter mit -ih- nur: ihr, ihm, ihn und Flexionen davon (Wortlernen, auch Wortreihe) Wörter mit -i- selten, z.B.: wir, mir, dir, Igel, Margarine (Wortlernen, auch Wortreihe)

Ziele	Wege
	Länge anderer Vokale: Auch hier wird oft durch entsprechende Übungen der falsche Eindruck erweckt, als sei das Dehnungs-h der Regelfall. Mehrheitsregel: In 75% aller Fälle folgt auf den langen Vokal ein Konsonant. Die wenigen Abweichungen werden über Wortlernen/ Wortlisten eingeprägt: Ausnahme: -h- hinter dem Vokal (z.B. fahren, Jahr, Lehrer, mehr, Uhr, fröhlich usw.) selten: Vokalverdopplung (z.B. Meer, Haar, See, leer) *Kürze von Vokalen:* Regel: Auf betont kurzen Vokal folgen in der Regel zwei Konsonanten (unterschiedliche oder verdoppelte); -tz- und -ck- sind Sonderformen dieser Regel.
Wörter in Bausteine gliedern	Das Durchgliedern ist als Merkhilfe und zum Finden von Rechtschreibmustern besonders wichtig (Transfer): *Wortzusammensetzungen:* Nomen + Nomen, Nomen + Adjektiv, Nomen + Verb *Flexionen:* Wortstamm + Endungen (z.B.: schreib-e) *Wortableitungen:* Vorsilben: ver-, vor-, zer-, ent-, aus-, ab-, auf-, hin-, ein- Nachsilben: -lich, -ig, -bar
Wörter in Silben trennen	Sprechsilben, aber: keine einzelnen Buchstaben abtrennen, -st- nicht trennen (außer bei Dienstag und Donnerstag), ck wird k-k
Regeln zur Großschreibung beachten	Satzanfang, Nomen (besonders: Wortendungen mit -heit/ -keit/ -ung) Anredepronomen in Briefen
Zeichen setzen	Satzschlußzeichen: Punkt, Fragezeichen, Ausrufezeichen; wörtliche Rede mit vor- und nachgestelltem Beisatz

Selbständigkeit in der Rechtschreibung erwerben

Ziele	Wege
nachschlagen	Alphabet kennenlernen, Wörter ordnen (ABC-Heft) und nachschlagen (Vor- und Nachgänger-Übungen)
Rechtschreibfehler erkennen und korrigieren	Selbst- und Fremdkontrolle von Einzelwörtern oder Texten nach Vorlage: fehlerhaft geschriebenes Wort durchstreichen, richtiges Wortbild schreiben, individuelle Fehlerkartei anlegen, in zeitlichen Abständen üben (Partnerdiktat, Selbstdiktat) Zeichen zur Fehlerkorrektur („Berichtigung"): W = satzunabhängige Wortfehler (mehrfaches Schreiben des Wortes, Aufnahme in eine individuelle Übungskartei, Zusammenstellen der Wortfamilie) S = Satzfehler (Schreiben des ganzen Satzes, Markieren der kritischen Stelle) R = Regelfehler (Richtigstellung und Begründung, evtl. mündlich, Bearbeitung einer entsprechenden Rechtschreibkarte, Aufschreiben analoger Fälle)

Literaturempfehlungen:

M. Bergk: Rechtschreiblernen von Anfang an. Frankfurt: Diesterweg 1987

R. Valtin / J. Naegele (Hg.): Schreiben ist wichtig! Grundlagen und Beispiele für kommunikatives Schreiben(lernen). Arbeitskreis Grundschule e.V. (Schloßstr. 29, 60486 Frankfurt) 1986

I. Niedersteberg: Aufbau eines Grundwortschatzes: Klassen 1 und 2. Frankfurt: Cornelsen Scriptor [4]1992

Gudrun Spitta:

- Kinder schreiben eigene Texte. Frankfurt: Cornelsen Scriptor [5]1992
- Von der Druckschrift zur Schreibschrift. Frankfurt: Cornelsen Scriptor [3]1992
- Schreibkonferenzen in Klasse 3 und 4. Frankfurt: Cornelsen Scriptor 1992

7. Sprache untersuchen

In der Didaktik der Muttersprachlichen Bildung hatte der Bereich zwei Schwerpunkte: „Sprachbetrachtung“ und „Sprachübung“. Durch *Betrachtung von Sprache* sollten die Schüler Einsicht in den Bau der Muttersprache, genauer: in deren hochsprachliche Form gewinnen, damit sollte zugleich die durch die Muttersprache vermittelte Weltsicht transparent werden. Durch *Sprachübung* sollten die Schüler in die Hochsprache eingeübt werden.

Mit dem didaktischen Umbruch zur Kommunikationsdidaktik ergaben sich neue Sichtweisen von Zielen und Inhalten des Bereichs und z.T. auch heute noch ungeklärte Fragen:

a) Der Leitwert der Hochsprache, die mehr historisch orientiert war (klassische Sprachvorbilder), galt nicht mehr; die Aufmerksamkeit richtete sich zum einen auf die verschiedenen *Sprachvarianten* (Dialekte, schichtenspezifische Sprachen . . .). Die Sprachvariante, die in der Umgebung des Kindes gesprochen wird und die hier für die Alltagskommunikation wichtig ist, bildet den Boden für seine Spracherfahrungen und muß deshalb auch in der Schule anerkannt werden.
Zum anderen trat an die Stelle des historisch orientierten Begriffs der Hochsprache der Begriff der *Standardsprache*; damit ist die überregionale, auch in den Medien gebrauchte Sprachvariante gemeint. Sie gilt als Zielsprache des Unterrichts, ohne dabei aber die möglicherweise abweichende Sprachvariante der Kinder abzuwerten.

b) Üblich war die formale Unterscheidung von Sprachbetrachtung auf der Wort- und Satzebene und die Beschränkung auf diese Bereiche. Notwendig wurde nun der Ansatz an kommunikativen Situationen: an *Sprechakten* unter Einbezug auch der außersprachlichen Faktoren der Situationen.

c) Welche Bedeutung dem linguistischen Wissen der Schüler bei der Verbesserung ihrer kommunikativen Fähigkeiten zukommt — darüber gingen und gehen die Ansichten auseinander. Im Zuge der „Linguistisierung“ des Deutschunterrichts wurden zudem unterschiedliche Grammatikmodelle zugrunde gelegt, deren Vertreter jeweils dessen kommunikationsfördernde Funktionen behaupten, ohne daß dies irgendwo empirisch belegt werden konnte. In dieser Frage gibt es derzeit keinen sprachdidaktischen Konsens.

Im Zusammenhang eines grundschulbezogenen Konzeptes von Sprachunterricht kann es nicht sinnvoll sein, einen eigenen Bereich: Sprachreflexion zu formieren. Vielmehr lernen Kinder, über Sprachgebrauch nachzudenken, wenn sie beim Sprachgebrauch auf Schwierigkeiten oder Auffälligkeiten stoßen, also bei „Sprache in Aktion“ — in prägnanten Sprachverwendungssituationen, wie sie sich im Klassenleben und im gesamten Unterricht ergeben und anbieten. Gänzlich verbietet sich ein Sprachunterricht, der als Vor-

Leistung das vermittelt, wonach vielerorts Fremdsprachenlehrer weiterführender Schulen rufen, nämlich die Einführung in ein vermeintlich elementares grammatikalisches Wissen (z.B. Grammatik der Zeitformen, Satzanalyse).

Der Zielkomplex „Sprache untersuchen" hat seine Ansatzstellen folglich im tatsächlichen Sprachgebrauch: Er macht die Reflexionsebene in den drei Bereichen des Sprachunterrichts aus: im Mündlichen und Schriftlichen Sprachgebrauch und im Textumgang. Im Rahmen dieses Buches wurden die Ziele (und die Wege) des Bereichs „Sprache untersuchen" dort bereits mitbedacht und eingearbeitet.

Im Unterricht vollzieht sich diese *Integration* in der Regel als methodischer Dreischritt:

1. *Motivation*: Bei ihrem Sprachgebrauch (beim Sprechen, Verstehen, Lesen oder Schreiben) stoßen die Kinder auf Schwierigkeiten oder Auffälligkeiten: Sie erkennen Schwierigkeiten in der mündlichen Verständigung, beim Schreiben oder Verstehen von Texten; oder sie erkennen auffällige Abweichungen vom bekannten Sprachgebrauch — tatsächliche oder vermeintliche Fehler, Sprachspiele . . .
2. *Untersuchen:* Die Kinder untersuchen diese Schwierigkeiten, bzw. Auffälligkeiten, finden z.B. Gründe dafür, suchen und erproben Lösungen, gewinnen Verständnis, erkennen den Sprachwitz . . .
3. *Sprachhandeln:* Die Kinder überwinden die erkannten Schwierigkeiten beim Sprachgebrauch, bzw.: sie erkennen Abweichungen an und gehen damit um, bzw.: sie haben Freude am spielerischen Umgang mit der Sprache.

Diese situativen Gelegenheiten, Sprache zu untersuchen, müssen durch *Unterrichteinheiten* ergänzt werden, in denen die vereinzelten Einsichten und Fähigkeiten zusammengefaßt, systematisiert und geübt werden.

Zum Beispiel:

— Die Artikel wurden bei der Erarbeitung von Grundwortschatzwörtern immer schon zusammen mit den Nomen aufgeschrieben. Nun soll der Artikelgebrauch bewußt gemacht werden. Die Artikel werden als „Magnet" angewendet: Der jeweilige Artikel zieht bestimmte Nomen aus dem Wörterbuch usw.
  Bei Texten erkennen die Kinder auch die flektierten Formen, in ihr ABC-Heft schreiben die Kinder die Nomen mit Artikeln in Einzahl- und Mehrzahlform.

— Die eine oder andere „linguistische Operation" wurde bei Textüberarbeitungen eingeführt und angewendet (Klangprobe, Verschieben, Ersetzen, Umformen, Erweitern, Weglassen). Sie werden nun zusammengestellt und an Beispielsätzen /-texten geübt. Das Repertoire wird auf eine Pappe geschrieben und im Klassenzimmer zur ständigen Orientierung ausgehängt.

Unter welchen Aspekten ist Sprachuntersuchen für Grundschüler besonders wichtig und ergiebig, damit ihr eigener Sprachgebrauch gefördert wird und sie Verständnis für Bedingungen des Sprachgebrauchs gewinnen?

Diese Frage soll mit folgenden fünf Zielen beantwortet werden, die aber nur zusammenfassen, was bei den Zielen zu den ersten drei Bereichen schon eingearbeitet wurde:

Ziele	Wege
Zusammenhänge zwischen Äußerungsabsicht und Äußerungsform entdecken	(in alle drei Bereiche einbezogen)
mit Verstehensproblemen umgehen	(in alle drei Bereiche einbezogen)
die besondere Rolle sprachlicher Formen in der Schriftsprache kennenlernen	besonders: Unterschied zwischen mündlichem und schriftlichem Sprachgebrauch im Bereich „Umgang mit Texten“ besonders: literarische Formen der Sprachverwendung (Gedichte, Idiogramme . . .)
sich in der Vielfalt der Sprachvarianten orientieren	im Bereich „Mündlicher Sprachgebrauch“ im besonderen: Einbezug von Dialekten, anderen Ausgangssprachen der Kinder, fremdsprachlichen Einflüssen (englischsprachige Wendungen) usw., im übrigen in alle drei Bereiche einbezogen
sprachliche Zeichen in ihrem Zusammenspiel mit anderen Zeichenarten untersuchen	in alle drei Bereiche einbezogen, insbesondere mündlich: szenisch spielen, vortragen Umgang mit Texten: nicht-sprachliche Zeichen in der Umwelt, Zusammenspiel sprachlicher und bildlicher Zeichen in Medien und Textsorten: Fernsehen, Bilderbuch, Comics . . .

Zur Frage des Grammatikunterrichts

„Grammatik“ kann verstanden werden als Aussage über das Regelsystem, das in einer Sprache wirksam ist. Grammatikwissen muß deshalb im Zielkomplex „Sprache untersuchen“ angesiedelt werden.

Sicher hat es hier eine wichtige Funktion darin, daß es hilft, über Sprachgebrauch und Sprachsystem nachzudenken und Regelmäßigkeiten zu bezeichnen. Doch ist dazu weder Vollständigkeit noch Systematik im Sinne eines Grammatikmodells erforderlich, noch sind bestimmte, von der Linguistik entwickelte Begriffe nötig.

Unter dem grundschulpädagogischen Grundsatz der Kindorientierung sei noch einmal daran erinnert, daß bei Grundschulkindern abstraktes Denken erst angebahnt wird, daß Begriffs- und Regellernen immer nur handlungs- und anwendungsbezogen erreicht werden kann. Damit verbietet sich die Einführung grammatikalischer Begriffe ohne vorherige situative Erarbeitung und ohne Einsicht in die Funktion der so bezeichneten begrifflichen Einheit; es verbieten sich formale Satzstrukturübungen und systematisches Flektieren von Wörtern (Konjugieren, Deklinieren).

Angesichts der oft erschlagenden Fülle von Termini und der bisweilen mißverständlichen Wortwahl in den Sprachbüchern sei hier zur Orientierung eine Begrenzung vorgeschlagen, kommentiert und terminologisch erläutert. Immer dann werden deutschsprachige Begriffe gewählt, wenn sie das Gemeinte eindeutig kennzeichnen. Immer dann werden lateinische (also für Kinder „neutrale") Begriffe vorgeschlagen, wenn die gängigen deutschen Begriffe mißverständlich sind; die lateinischen Termini sind übrigens der KMK-Empfehlung von 1982 entnommen.

Die Begriffe, auf die sich der Grundschulunterricht in der Regel beschränken kann, werden im folgenden kursiv gedruckt:

Verb Die üblichen deutschsprachigen Begriffe sind nicht geeignet, weil sie entweder zu eng gefaßt sind (Tuwörter beziehen dem Wortsinn nach nur die Handlungsverben ein) oder mißverständlich sind (unter Zeitwörtern müssen Kinder zunächst Zeitangaben verstehen).

Ein besonderes Problem stellt die Unterscheidung von Zeitstufen und Zeitformen dar:

Zeitstufe betrifft die jeweils gemeinte Zeit (Gegenwart, Vergangenheit, Zukunft), Zeitform die grammatische Form des Verbs (Präsens, Präteritum, Perfekt, Futur). Beides ist nicht miteinander identisch. In die Zeitform Präsens können die Zeitstufen gefaßt werden: Gegenwart, erzählende Vergangenheit, nicht zeitgebundenes Sprechen wie bei Gesetzestexten, Zukunft mit Ergänzung eines Zukunftsadverbs („Ich komme morgen"). Hinzu kommen dialektale Besonderheiten und Unterschiede von mündlicher und schriftlicher Sprache (bei Vergangenheitsstufe: mündliche Form in der Regel Perfekt, schriftliche Form Präteritum).

Von diesen Unterschieden und Zusammenhängen her dürfen im Unterricht weder falsche Normen gesetzt werden (z.B. Zukunft immer im Futur schreiben) noch dürfen Stufe und Form miteinander verwechselt werden.

Im Unterricht kann das Verb als flexionsfähige Wortart auffällig werden: „Das sind Wörter, mit denen man so etwas machen kann wie: ich x-e, er x-t".

Es können weiterhin folgende Termini verwendet werden: *Grundform* (x-en), *Zeitform: Gegenwartsform* (er x-t), *Vergangenheitsformen* (er x-te — gilt nur für schwache Verben — er hat/ist ge-x-t), *Zukunftsform* (er wird x-en).

Sie können erarbeitet werden bei der Durchgliederung der flektierten Verben (Zusammenhang zum Rechtschreiben), beim Wechsel von Erzählperspektiven, beim Erkennen von Unterschieden im mündlichen und schriftlichen Sprachgebrauch.

Nomen Die üblichen deutschsprachigen Begriffe sind zu eng gefaßt (wie Dingwort) oder führen irre (wie Hauptwort). Das Nomen fällt ebenfalls als flexionsfähige Wortart auf und als Wortart, die einen *Begleiter / Artikel* haben kann: „Das sind Wörter, mit denen man so etwas machen kann wie der X- / die X-e oder der X, die X-er oder . . ."

Die Termini: *Einzahl* und *Mehrzahl* werden z.B. im Zusammenhang mit Rechtschreibhilfen nötig (Ableitungen). Bei der standardsprachlichen Korrektur, möglicherweise auch beim Vergleich zwischen dialektalem und standardsprachlichem Gebrauch, werden die Fallsetzungen bewußt und benannt, besonders: *Wer - Fall, Wem - Fall, Wen - Fall.*

Der Artikel/Begleiter wurde bereits als notwendiger Terminus genannt. Er kann im übrigen wie auch das Numerale den Pronomen zugerechnet werden. Weil die Koppelung mit dem Nomen aber den Kindern näherliegt, sollte er gesondert bezeichnet werden.

Adjektiv (Eigenschaftswort) Dieser Begriff wird im Zusammenhang von Beobachtungen oder genauem Erzählen gewonnen und ist auch bei Wortfeldarbeiten wichtig.

Dabei kommen über Vergleiche (auch: bei Warenangebot, Werbung, Marktrufen) die *Vergleichsformen* in den Blick.

Adjektive sind Wörter, mit denen man so etwas machen kann wie: x, x-er, am x-sten.

Pronomen Pronomen erfahren die Kinder als Stellvertreter des Nomens, z.B. wenn ständige Wiederholungen vermieden werden sollen („Die Frau . . . Die Frau . . ., weil die Frau . . .") oder wenn kontextgebundene mündliche Sprache in schriftlicher Form/ beim Abhören einer Kassette unverständlich ist („ . . . ihm . . . sie . . . ihr . . . die da . . . dem da . . .").

Satzglied Satzglieder sind Satzteile, die auch bei Umstellungen des Satzes zusammenbleiben (Ausnahmen, z.B. zweiteilige Prädikate: Verbklammer). Die Fähigkeit, Satzglieder abgrenzen zu können, ist nötig, um bestimmte Satzglieder herauszufinden und zu bearbeiten.

Die Umstellungsproben sind im Unterricht wichtig, z.B. um die Einförmigkeit von Satzreihen aufzuheben, um Aussagen unterschiedlich zu gewichten und sich die Wirkung klar zu machen („Das habe ich nicht gewollt!" — „Ich habe das nicht gewollt").

Prädikat In verschiedenen Grammatikmodellen wird unter der Bezeichnung Prädikat Unterschiedliches gefaßt: nur Satzkern oder alles, was nicht Subjekt ist.

Wird das Prädikat im Sinne von „Satzkern" benutzt, dann wird es bei den Umstellproben dadurch deutlich, daß es im *Aussagesatz* immer an 2. Stelle steht. (Der Satz dreht sich um das Prädikat.)

Im *Fragesatz* steht es in der Regel am Anfang.

Im *Aufforderungssatz* kann dies unterschiedlich sein („Komm sofort her!" „Sofort herkommen!" „Du kommst sofort her!").

Subjekt Üblich ist die Ermittlung des Subjekts über die „wer oder was" -Frage. Eine Alternative dazu ist die „Rezeptprobe" (=in den Infinitiv setzen), bei der das Subjekt herausfällt: „Ich schäle die Kartoffeln" wird zu: „die Kartoffeln schälen", Subjekt ist „ich".

Bei allen anderen Satzgliedern kann man sich in der Regel darauf beschränken, von „*weiteren Satzgliedern*" zu sprechen.

Dem immer wieder vorgebrachten Einwand, die Grundschule habe gerade auch in diesem Bereich Vorleistungen für die weiterführenden Schulen zu erbringen, muß im übrigen entgegengehalten werden:

— Die Erfahrungen von Kindern, über Sprachgebrauch nachdenken und die Ergebnisse des Nachdenkens auch verwenden zu können, sind die grundschulgemäßen grundlegenden Vorbereitungen auf die systematische Sprachreflexion in der Sekundarstufe I.
— Systematisches Nachdenken über Sprachgebrauch und Sprachsystem setzt erst ein, wenn das Sprachlernen der Kinder dies nötig macht (z.B. beim Erwerb der 1. Fremdsprache).

Noch ein taktisches Argument:

— Angesichts der Vielfalt der Grammatikmodelle, und der Konzeptionen von Grammatikunterricht, die in der Sekundarstufe I anzutreffen sind, ist eine Einführung in *ein* bestimmtes Modell in der Grundschule auch gar nicht sinnvoll.

Literaturempfehlungen:

W. Boettcher / H. Sitta: Der andere Grammatikunterricht. München 1981, 2. Auflage

Zeitschrift GRUNDSCHULE: Themenheft Lernbereich Sprache — Überarbeitung der Lehrpläne. Heft 5, Mai 1983

Integrierter Sprachunterricht im Schulalltag — Beispiele und Arbeitspläne

Im vorigen Kapitel wurde der Sprachunterricht in einzelne Bereiche gegliedert: in den Mündlichen und Schriftlichen Sprachgebrauch, in den Umgang mit Texten und das Untersuchen von Sprache. Diese curriculare Struktur ist für die Planung und Reflexion von Unterricht wichtig, weil sie eine Orientierung an den verschiedenen fachlichen Anliegen, den Zielen und Wegen ermöglicht. Im Unterricht werden *Situationen* genutzt, in denen sich die Ziele und Wege der Teilbereiche ergänzen — darüber hinaus verbinden sich die Anliegen des Sprachunterrichts mit den Aufgaben anderer Fächer und des Klassenlebens. Wir können also in dreifacher Hinsicht von Integration sprechen:

1. Integration der Teilbereiche in einem situationsbezogenen Sprachunterricht
2. Integration des Sprachunterrichts mit anderen Fächern der Grundschule
3. Integration des Sprachunterrichts in Aufgaben des Klassenlebens

An vier Beispielen soll gezeigt werden, wie Situationen der Sprachverwendung im Sprachunterricht, im Sachunterricht und im Klassenleben sprachliches Handeln von Kindern freisetzen und weiterentwickeln:

- An dem *Situationsfeld: Schulanfang* soll deutlich werden, wie die Gestaltung des Klassenlebens nahezu „natürliche" Situationen für sprachliches Lernen anbietet.
- An dem *Situationsfeld: Buchprojekt* soll gezeigt werden, wie sich in einem Unterricht mit sprachlichem Thema die Bereiche des Sprachunterrichts ergänzen.
- An dem *Situationsfeld: Erkundung in der Umwelt* ist der Sachunterricht Leitfach, der aber wesentlich auf sprachliches Handeln angewiesen ist. Es soll deutlich werden, daß Sach- und Sprachlernen oft nur zwei Seiten derselben Medaille sind.
- In dem *Situationsfeld: Thema Frieden* werden schließlich alle Bereiche integriert, die des Sprachunterrichts mit dem Sachunterricht (ohne daß eines der beiden Fächer zum „Leitfach" würde) und dem Miteinanderleben in der Klasse.

Um dem ganzen Spektrum der Aufgaben des Sachunterrichts gerecht zu werden, müssen alle diese Integrationstypen im Unterrichtsalltag verwirklicht werden. Insofern haben die vier Beispiele auch Modellcharakter.

1. „Wir sind jetzt in der Schule" – Situationsfeld Schulanfang

Der Schulanfang ist für Kinder ein einschneidendes Ereignis mit vielfältigen neuen Anforderungen. Lesen-, Schreiben- und „Rechnen"-lernen im angeleiteten Unterricht ist dabei nur ein Teil. Anderes ist sogar zunächst wichtiger, weil es den Grund legt für alles weitere Leben und Lernen in der Schule:

Sich in der neuen Umgebung zurechtfinden, sich in der Klasse heimisch fühlen, nach Anweisungen arbeiten, sich in der großen Klassengruppe an geordneten Gesprächen beteiligen, eigene Bedürfnisse (etwas erzählen, zeigen, fragen wollen) für eine Zeit zurückstellen ...

Viele dieser Lernprozesse sind *adaptiver* Art, d.h. die Kinder übernehmen vorgefundene, bzw. von der Lehrerin gesetzte Normen und Handlungsweisen: die Situation ist vorstrukturiert (Klassenraum, Möblierung, Zeitrahmen, Begrüßung ...), die Regeln sind gesetzt (Zuhören, Melderegel, Bewegung im Raum ...). Die Lehrerin verdeutlicht das erwartete Verhalten der Kinder durch das eigene Beispiel, durch Hinweise, durch Lob und Korrektur. Die Kinder übernehmen diese Vor- Ordnungen; sie geben Sicherheit und setzen Kräfte frei, auch selbstbestimmtere Momente im Leben und Lernen der Klasse zu entwickeln, ohne daß das Chaos vorprogrammiert ist.

Das adaptive Lernen muß ergänzt werden durch *entwickelndes* Lernen; die Kinder planen mit, was sie bearbeiten und wie sie es tun; sie beurteilen mit, was sie geschafft haben; sie überlegen und entscheiden mit, wie das Klassenleben ausgestaltet wird.

Die Schulanfangssituation ist für die Kinder der Ernstfall, in dem sie ihre Selbst-, Sach- und Sozialkompetenz auf- und ausbauen. Gerade Sprache hat hierbei zentrale Funktion: als Verständigungsmittel und unter dem Gesichtspunkt des beginnenden Schriftspracherwerbs (Lesen und Schreiben lernen). Beide Aspekte sollten aufeinander bezogen werden, weil die Kinder dadurch ihre sprachlichen Fähigkeiten in einem begründeten Zusammenhang entwickeln.

Ein Beispiel: Namenkärtchen schaffen einen persönlichen Bezug des Kindes zu „seinem" Platz; sie helfen, rascher die Kinder miteinander bekannt zu machen (Zuordnung Namenkarte–Kind, Kennenlernspiele); sie vermitteln aber auch wichtige Schriftspracherfahrung (Schrift als graphisches Zeichen für etwas Gemeintes, Kennzeichnung von Kinderarbeiten durch Schreibdrucken des Namens nach der Vorlage, Wiedererkennen von Namenszügen, von Buchstaben auf Namensschildern usw.).

Weitere Beispiele:

1. Tagesplan: (Fast) jeder Tag hat bestimmte Elemente, z.B.:
— Morgenkreis mit Begrüßung, Lied,
Festlegen des Tagesplans
— Einführung oder gemeinsame Übung mit allen
— 20 bis 30 Minuten differenzierte Arbeit nach Übungsplan
— 30 bis 40 Minuten Freie Arbeit.

Die Anliegen der verschiedenen Fächer werden entweder als Wochenthema in den Mittelpunkt des Unterrichts gestellt oder nach Bedarf und Situation eingeschoben. Hinzu kommen Sport- und Spielphasen. Während des Morgenkreises wird der Tagesplan festgelegt und an die Seitentafel geschrieben.

2. *Wochenthema:* Das Thema wechselt wöchentlich. Anregungen bieten aktuelle Ereignisse (Wir sind in der Schule. Wir gehen in den Park), der anstehende Fibeltext (Fotos von früher. Wir spielen mit Puppen.) oder Wünsche der Kinder (Eine Katze in der Klasse. Unsere Drachen.). Im regelmäßigen Montagmorgengespräch steht das Thema im Mittelpunkt. Erlebnisse werden ausgetauscht, Wünsche an den Unterricht gestellt: die Lehrerin macht Vorschläge, kündigt Vorhaben an. Ein Plan entsteht, wird beschlossen, führt zu Verabredungen.

Beispiel Wochenthema: *Eine Katze in der Klasse*

Nadia bringt ihre Katze mit. Wer etwas über Katzen weiß, darf im Morgenkreis davon erzählen. Wir sammeln Bilder von Katzen. Wir suchen in der Bücherei Bücher, in denen Katzen vorkommen. Die Lehrerin sucht eine Katzengeschichte und liest sie vor.

Wer Katzen malen oder kneten will, kann das in der Freien Arbeit tun.

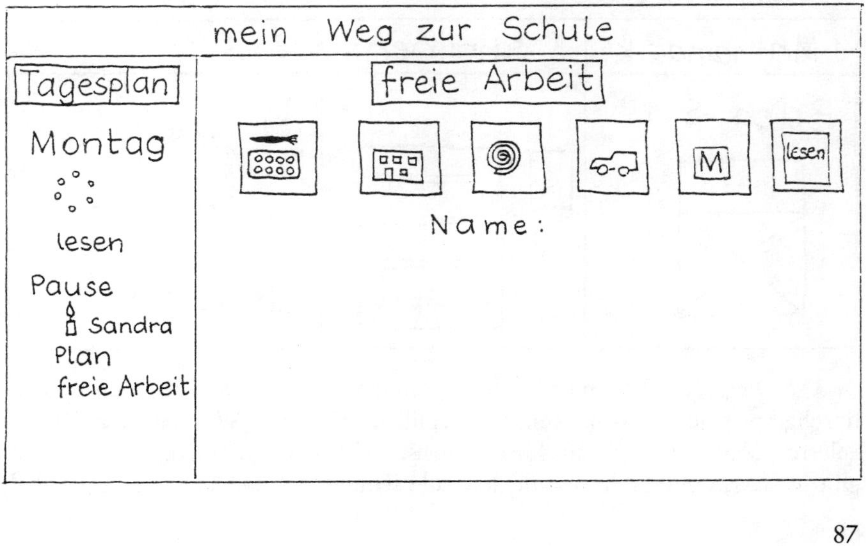

3. Freie Arbeit: Die letzte Arbeitsphase an jedem Tag ist regelmäßig „Freie Arbeit“. Die Angebote umfassen ein Repertoire an Materialien und Techniken, die inhaltlich in der Regel auf das Wochenthema bezogen werden, aber auch Wünschen der Kinder offenstehen. Die Kinder können täglich neu wählen. Ihre Namen werden unter das Angebot geschrieben, besser noch: sie machen es selbst.

Beispiel Wochenthema: *Mein Weg zur Schule* (s. S. 87)

Angebot *malen:*	auf dem Schulweg
Angebot *bauen:*	Häuser (aus Pappschachteln) für ein Modell
Angebot *kneten:*	frei, Anregung: Bäume, Menschen für das Modell
Angebot *spielen:*	in der Bauecke, Wunsch der Kinder: Verkehr mit Autos
Angebot *stempeln:*	frei
Angebot *lesen:*	frei

4. Übung nach Plan: Täglich wird von Anfang an eine feste Übungszeit eingerichtet: zunächst eine Viertelstunde, nach wenigen Wochen bis zu einer halben Stunde. Von der dritten Woche an gilt der Übungsplan für jeweils zwei Tage. Er enthält Pflichtteile, die in den Übungszeiten von allen erledigt werden müssen, und Freiteile (Abstriche beim Pflichtteil sind individuell ebenso möglich wie andere Varianten). Der Plan wird per Folie eingeblendet: dem Stand der Lesefähigkeit entsprechend, werden auch Symbole benutzt. Die Reihenfolge der Pflichtaufgaben ist frei. Abgeschlossene Arbeiten bleiben so lange liegen, bis sie nachgesehen und abgezeichnet oder eingesammelt wurden. In dieser Phase arbeiten die Kinder allein und still, gegebenenfalls mit Partnerhilfe. Die Lehrerin übt derweil mit einzelnen Kindern oder in kleinen Gruppen individuell.

Arbeitsplan für zwei Tage:

1. Mathematik	2. schreiben	3. frei
Buch S. 17 +	K →	● Arbeitsblatt ▲ Lesekiste ■ Kartei

5. Freitagsblatt: In einem Freitagsgespräch wird die Woche noch einmal durchgesprochen: Was hat mir/uns gefallen, was nicht? Was haben wir dazugelernt? Was sollten wir uns für die nächste Woche vornehmen? Im Anschluß gibt es das „Freitagsblatt“, auf dem alle Kinder sich beweisen können, daß sie in der Woche dazugelernt haben. Das Blatt ist zunächst so angelegt, daß es eine neu eingeführte oder besonders geübte Aufgabe aus den Bereichen Lesen, Schreiben, Mathematik enthält, und außerdem eine Aufgabe zum Wochenthema.

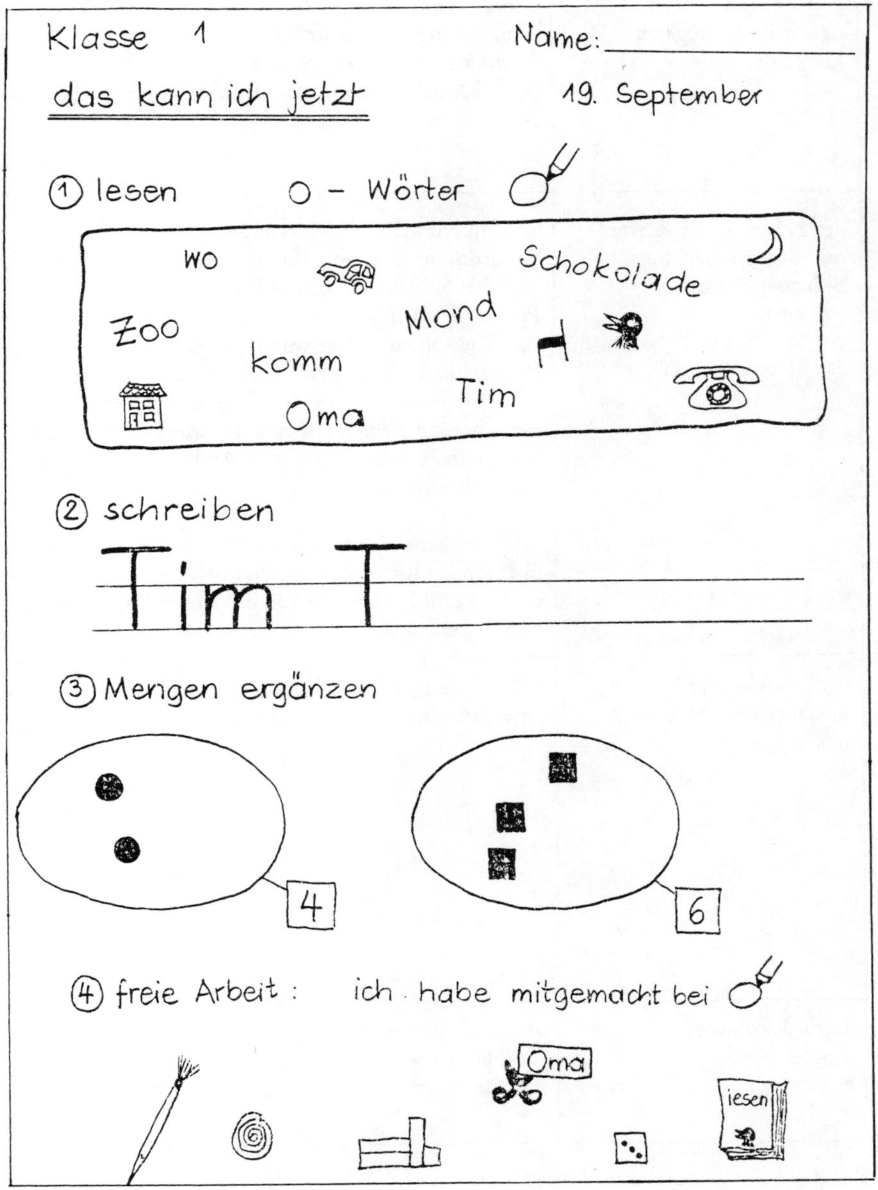

Arbeitsplan des Lehrers zum Thema: „Wir sind jetzt in der Schule!“

Ziele	Mündlicher Sprachgebrauch
die Schule als neuen Erfahrungsraum kennenlernen	Schule erkunden; Hausmeister, Schulleiter(in), Sekretärin am Arbeitsplatz aufsuchen und befragen; Aufträge absprechen und erledigen (Kreide holen, nach etwas fragen)
das Leben in der Klasse mit Gewohnheiten, Bräuchen, Regeln aufbauen	sich im Klassenraum einrichten: Sitzordnung, „Ecken“, Raumschmuck, Signale vereinbaren (für den Stuhlkreis, für das Ende von Allein- oder Partnerarbeit usw.) den Tagesablauf erleben und mitgestalten (Morgenkreis, Tagesplan, Pause, Spiele)
	Bräuche und Regeln entwickeln, annehmen, beachten (Erzählkreise, Gesprächsregeln, Absprachen für Freie Arbeit, für Vorleserunden, für Spielrunden usw.)
	Schwierigkeiten im Umgang miteinander besprechen und zu überwinden suchen (Einhalten von Regeln, Vereinbarungen treffen, ihre Einhaltung verabreden und beobachten, bei Konflikten: sich aussprechen, trösten, etwas vereinbaren)
erste Erfahrungen mit angeleitetem Lernen machen	mündliche und schriftliche (symbolhaft notierte) Arbeitsanweisungen verstehen und befolgen
Lernrückstände ausgleichen	akustisch unterscheiden (an Hand von lautmalerischen Versen, mit Orffschen Instrumenten; Begriffe: lang-kurz, hoch-tief)

hriftlicher Sprachgebrauch/Umgang mit Texten	Sachunterricht
	Erfahrungen im Lebensfeld „Schule“ aufgreifen und klären: Kinder, andere Personen und Räumlichkeiten; Fragen des Schulwegs klären
amenkärtchen lesen, Arbeitsergebnisse mit eigenem amen beschriften; ı-Blätter gestalten (z.B.: Selbstbild mit Lieblingsspielzeug ıd eigenem Namen); Geburtstagskalender aphische Zeichen vereinbaren/ verwenden für Stunden-an, Zeiten, erste Hausaufgaben, Tagesplan . . .	Erfahrungen im Lebensfeld „Klasse“ aufbauen, in bezug auf — den Raum — die Zeit
r Gesprächsregeln, für Angebote in der Freien Arbeit w. Bilderbücher ansehen, vorlesen und zuhören	— die Interaktionen
nhalte der ersten Lesetexte zum Thema passend „Wir sind tzt in der Schule“) rfahrungen mit elementaren Laut-/Buchstabe-Beziehungen ıachen; Wörter, Sätze, Texte durchgliedern an Hand von · Material aus dem Klassenleben (Namenkärtchen, Wortkarten: Tafel Tür Klasse 1 usw.) · Material aus dem Leselehrgang (Fibel, Arbeitsmaterial) gänzendes Textmaterial nutzen: Texte zum Vorlesen, achsprechen, Nachspielen (z.B. lautmalerische Verse, ungenbrecher, Lieder, Märchen, Geschichten) selehrgangsbegleitendes „Schreibdrucken“	
ptisch unterscheiden (an Hand von Bildern, Puzzles, lemory, Lotto; Begriffe: oben—unten, links—rechts) hlende schreibmotorische Voraussetzungen ausgleichen .B. durch Kneten, Malen, Reißen, Schneiden)	

2. „Neues von Pumuckl" — Situationsfeld Buchprojekt

Wenn Kinder etwas lesen, was ihnen besonders gefällt, sind sie leicht zu motivieren, selber Ähnliches zu entwickeln und zu schreiben. Dies gilt umso mehr, wenn ein vorzeigbares Projekt daraus wird, z.B. ein eigenes Geschichtenbuch. Entsprechende Beispiele haben in der Grundschule Tradition: Geschichten über Münchhausen oder Pippi Langstrumpf, Märchen mit dem Wunschring oder mit dem Topf, der sich mit allen gewünschten Dingen füllt. Hierbei ergänzen die Lernprozesse in den Bereichen *Umgang mit Texten* und *Schriftlicher Sprachgebrauch* einander:

- Die Entwicklung eigener Geschichten vertieft handlungsbezogen das Erkennen von Struktur und sprachlichen Mitteln des Ausgangstextes.
- Die Orientierung an Elementen des Ausgangstextes erweitert das eigene Repertoire im Schriftlichen Sprachgebrauch und setzt durch die Kombination von Elementen der Vorlage und neuer eigener Ideen Fantasie frei.

Dies soll am Beispiel von *Pumuckl-Geschichten* gezeigt werden:

Der Kobold Pumuckl ist eine aktuelle Figur der Kinderliteratur und wird dies bis auf weiteres auch bleiben (besonders durch die Wiederholungen der Fernsehserie und die Herstellung neuer Filme). Selbst in Zeiten, in denen das Fernsehen keinen Pumuckl-Film ausstrahlt, kennen die meisten Kinder die Pumuckl-Figur (z.B. gibt es derzeit elf Taschenbücher mit Pumuckl-Texten und ca. 50 Langspielplatten). Dieser Bekanntheitsgrad macht die Thematisierung des Pumuckl im Unterricht sinnvoll. Darüber hinaus können am Beispiel dieser Figur exemplarisch Einsichten gewonnen werden

— in Lesemotive (Situationskomik, eigene Wünsche/Erfahrungen wiedererkennen, sich überlegen fühlen)
— in die Machart von Serientexten (Spielregeln, nach denen Pumuckl und Meister Eder agieren)
— in medienkundliche Zusammenhänge (Umformung von Erzähltexten zu Fernsehfilmen, Vermarktung von literarischen Figuren)

Hierzu sollten — je nach aktueller Lage des Medienmarktes — auch Bücher, Schallplatten/Kassetten, Fernsehfilme (evtl. Video-Aufzeichnungen) unterrichtlich einbezogen werden.

Anstöße für ein Buchprojekt: In einem Fall hatten einige Kinder während der Freien Arbeit selber Pumuckl-Geschichten geschrieben. Sie wurden im Erzählkreis zur allgemeinen Freude vorgelesen und in das Geschichtenbuch aufgenommen. Hiervon angeregt, begannen nun auch andere Kinder, Pumuckl-Geschichten zu schreiben.

In anderen Fällen ging die Anregung zum Schreiben von Pumuckl-Geschichten von der Lehrerin aus. Dabei war eine gemeinsame Ideensammlung hilfreich.

Tafeltext:

So kann Pumuckl sichtbar werden: Koboldgesetz (aus der Geschichte: Spuk in der Werkstatt): „Wenn ein Kobold an einem menschlichen Ding hängenbleibt oder von einem Menschen eingezwickt oder festgehalten wird, dann wird er sichtbar. Er wird aber nur für den sichtbar, der ihn zuerst gesehen hat." Ideensammlung: beim Frühstückstisch am Marmeladentopf, am Rübenkraut, an der Schranktür, im Reißverschluß, am Verschluß der Schultasche oder des Federmäppchens, in der Mausefalle, an der Geschirrspülmaschine, zwischen Topf und Deckel, in der Autotür, in der Grillzange . . .

Tafeltext:

Pumuckl lernt etwas Neues kennen Pumuckl im Kino, beim Karneval, beim Kostümfest, bei uns in der Klasse, auf unserem Schulhof, in der Turnhalle, beim Martinszug, beim Martinssingen, im Supermarkt, beim Grillfest . . .

Struktur der Geschichten: In den meisten Pumuckl-Geschichten kommt Pumuckl in neue, für ihn bisher unbekannte Situationen (Geburtstagsfeiern, mit Streichhölzern umgehen, Ostereier suchen usw.). Er ist unerfahren und neugierig. Er mischt sich gerne ein und stellt dabei als unsichtbarer Kobold allerlei Unfug an. Der Schreinermeister Eder, der ihn als einziger sehen kann, muß dann versuchen, die Aufregung des Pumuckl und auch der anderen mitspielenden Personen zu beruhigen. Diese Struktur wird im Vergleich von Geschichten erarbeitet.

Tafeltext:

Pumuckl wird nach den Koboldgesetzen sichtbar und unsichtbar. Er macht gerne Unfug. Er kennt vieles noch nicht und stellt sich deshalb oft „dumm" an. Er liebt Meister Eder und will immer alles wieder gut machen.

Sprachliche Mittel: Beim Erzählen eigener Pumuckl-Geschichten überlegen die Kinder, ob Pumuckl in seiner Eigenart in der Geschichte zu erkennen ist: „Das ist typisch!" „Der Pumuckl muß sich viel mehr aufregen". Solche Äußerungen führen zum Schreibhinweis: *Pumuckl so darstellen, wie wir ihn kennen.* In den verfügbaren Pumuckl-Büchern kann untersucht werden, welche sprachlichen Mittel die Autorin Ellis Kaut verwendet (s. S. 96). Die Ergebnisse werden durch eigene Ideen angereichert und in der Klasse ausgehängt. Bei Textentwürfen werden geeignete Mittel ausgesucht und im Text erprobt.

Arbeitsplan des Lehrers: Geschichten von Pumuckl

Ziele	Mündlicher und Schriftlicher Sprachgebrauch
sich auf Pumuckl-Texte einlassen (Buch, Hörspiel, Fernsehen) Pumuckl als Werbeträger für zahlreiche Folgegeschäfte erkennen	
Pumuckl-Texte untersuchen — die Personen — die sprachlichen und audiovisuellen Mittel	Erzähltexte in Szene setzen
sich zu eigenen Texten anregen lassen, planen	Projekt: Neues von Pumuckl — unser eigenes Pumuckl-Buch eigene Pumuckl-Geschichten planen: 1. *Pumuckl wird sichtbar* Ideensammlung: Wie kann Pumuckl sichtbar werden? Erzählkreis: Mündliche Geschichten Festlegung der Schreibhinweise: ○ Situation wählen, in der Pumuckl sichtbar wird ○ Pumuckl so darstellen, wie wir ihn kennen ○ Koboldsgesetze beachten
aufschreiben	Pumuckl-Geschichten aufschreiben: Alleinarbeit, Partnerarbeit, von der Lehrerin nach Diktat des Kindes . . .
überarbeiten	Pumuckl-Geschichten überarbeiten Vorlesen der Textentwürfe in der Gruppe, im Erzählk Besprechung mit Verbesserungshinweisen Korrektur durch die Lehrerin Überarbeiten der Texte: individuell, in Partnerarbeit, nach Besprechung im Kreis, Abschreiben des Ergebnisses in „Sonntagsschrift“ mit gestaltenden Elementen (Überschrift, Blattaufteilung, Illustrati ebenso: 2. *Pumuckl lernt etwas Neues* Pumuckl-Geschichten für das Buch in der Klasse auswählen, Texte zusammenstellen, illustrieren, Inhaltsverzeichnis anlegen, Titelblatt gestalten, fotokopieren und für jedes Kind binden lassen

ındlicher Sprachgebrauch und Umgang mit Texten	Sachunterricht
muckl-Geschichten lesen, hören (Kassette), ıen (Fernsehen, Video-Aufzeichnung) :rausfinden, was an den Pumuckl-Geschichten sonderen Lesespaß macht (bei mir/bei anderen); ›ereinstimmungen und Unterschiede feststellen	Zusammenhänge zwischen Fern- sehserie und Werbeeffekt erkennen: Pumuckl als Werbeträger auf Artikeln der für Kinder Begriffe erarbeiten: Werbeträger, Folgegeschäfte, Zielgruppe Ausstellung vorbereiten und durchführen: „Mit Pumuckl läßt sich vieles besser verkaufen."
e Hauptpersonen Pumuckl und Meister Eder ihren Eigenheiten beschreiben und sie bewerten: as gefällt mir — was gefällt mir nicht? Möchte ich muckl immer bei mir zu Hause haben? Möchte ich er als Vater / Großvater haben? Warum? tstellen, was sich bei der Umformung von zähltexten zum Film ändert; auch: vom Buchtext m Drehbuchtext (siehe Literaturempfehlung am ıluß des Kapitels) mtyp (Realfilm mit Zeichentrickmischung) :ennen, die Herstellungsweise ermitteln	

Tafeltext (Ergebnis aus einer einzigen Geschichte: Spuk in der Werkstatt):

wenn Pumuckl wütend ist:	*wenn Pumuckl fröhlich ist:*
fauchte	quietschte und jubelte
zappelte verzweifelt	schlug einen Purzelbaum
stampfte mit den dünnen Beinen	sprang mit einem Satz
bekam rote Ohren vor Empörung	krähte vergnügt
schluchzte los	hüpfte vor Vergnügen
	kicherte
	sauste davon

Wenn die Kinder sprachliche Mittel herausfinden und selber anwenden (linguistische Operationen: einsetzen, ersetzen, Klangprobe) können die sprachlichen Mittel auch grammatikalisch benannt werden.

Im o.a. Tafeltext sind dies z.B. auf der Satzebene Prädikate z.T.mit Ergänzungen durch weitere Satzglieder.

Unterrichtsorganisation: Das Erzählen, Entwerfen und Überarbeiten der Geschichten sowie das Herausfinden sprachlicher Mittel und Anfertigen von Illustrationen kann z.T. parallel stattfinden. Nach einer gemeinsamen Unterrichtsphase (z.B. Erzählen / Vorlesen und Besprechen einiger Geschichten, Ansehen von Illustrationen) arbeiten die Kinder individuell oder in Gruppen weiter.

Beispiel:

- Einige Kinder sitzen mit der Lehrerin an einem Tisch und üben das Erzählen: sie erzählen reihum jeweils ein Stück weiter. Wenn ein Kind nicht weiter weiß oder die Fortsetzung nicht paßt, überlegen die Kinder gemeinsam, wie es weitergehen kann. Bei besonders sprachschwachen Kindern kann die Lehrerin den Text selber aufschreiben, oder die Kinder sprechen auf Kassette zur späteren Abschrift.
- Einige Kinder lesen sich gegenseitig ihre Entwürfe vor und beraten sich. Hilfreich ist hierbei, wenn Kommentare der Lehrerin vorliegen, die sie beim Lesen zu den Entwürfen hinzugeschrieben hat.
- Einige Kinder schreiben ihre Geschichten „ins Reine“ und beginnen mit dem Illustrieren.
- Einige Kinder schreiben erarbeitete sprachliche Mittel auf eine Tapete für den Aushang in der Klasse.

Literaturempfehlungen:

Pumuckl-Geschichten, ausgewählte Geschichten aus den Büchern von Ellis Kaut mit Fotos und Ausschnitten aus Drehbüchern der Fernsehserie. Reihe: Lesehefte für die Grundschule und Unterrichtsanregungen, herausgegeben von H. Bartnitzky, Stuttgart: Klett 1984

R. Valtin / I. Naegele (Hg.): Schreiben ist wichtig! Grundlagen und Beispiele für kommunikatives Schreiben(lernen). Arbeitskreis Grundschule e.V. (Schloßstr. 29, 60486 Frankfurt) 1986

3. „Wir erkunden den Supermarkt" – Situationsfeld Erkundung in der Umwelt

Umweltbezogener, handlungsorientierter Sachunterricht ist auf Sprachverwendung angewiesen (beim Begriffslernen, bei sprachlichen Zugriffen wie fragen, planen, beschreiben, lesen, zusammenfassen). Andererseits sind dem Sprachunterricht die vielfältigen Situationen der Sprachverwendung im Sachunterricht willkommen, weil hierbei die Kinder ihre Sprachmöglichkeiten einbringen und handlungsbezogen erweitern. Anliegen des Sach- und Sprachunterrichts ergänzen sich mithin.

Dies soll am Beispiel eines Erkundungsprojektes verdeutlicht werden. Der den Kindern bekannte Supermarkt des Schulbezirks soll erkundet werden.

Von den Aufgaben des *Sachunterrichts* her werden vor allem folgende Ziele verfolgt:

- Supermarkt als Einkaufsquelle der Lebenswirklichkeit bewußter wahrnehmen (Vorwissen, Erfahrungen klären, ordnen, genauer beobachten)
- den Supermarkt als Betrieb kennenlernen
- die Aspekte: Werbung und Kaufanreize erkunden und in Hinblick auf das Verhalten der Käufer einschätzen.

Von den Aufgaben des Sprachunterrichts bieten sich vor allem folgende Ziele an:

- gezielt beobachten und notieren
- Fragen stellen und Antworten auswerten
- Oberbegriffe finden
- Sachinformationen für Hörer und Leser aufbereiten

Im Sprachunterricht können also vor allem Ziele des sachbezogenen Mündlichen und Schriftlichen Sprachgebrauchs erreicht werden.

Planen, Strukturieren von Sachgebieten: Vorwissen der Kinder und ein erster relativ ungezielter Besuch werden in einem Kreisgespräch ausgewertet. Wenn dabei die Lehrerin sichtbar Protokoll führt, dann können nach dem Gespräch die noch ungeordneten, assoziativ ins Gespräch gekommenen Themen, Sachverhalte und Fragen für die weitere Arbeit geordnet werden. Die Kinder erfahren, wie protokolliert werden kann, welche Funktion ein Protokoll hat und wie ungeordnetes Wortmaterial nach Sachgebieten und mit Oberbegriffen geordnet wird.

Geordnetes Protokoll nach dem 1. Besuch:

Aufbau des Supermarktes
Lageplan. Warum so aufgebaut?

Privatstände
Blumenstand, Reinigung, Brotladen vor den Kassen, Privatstände: Miete an Supermarkt

Leitung und Verwaltung
Einkauf für den Supermarkt. Was muß die Leitung alles tun?

Ladendiebstahl
Spiegel gegen Ladendiebstahl, Verluste? Häufigkeit? Wer stiehlt? Warum wird gestohlen? Was geschieht mit dem Ladendieb?

Personal und seine Aufgaben
Aufgaben der Mitarbeiter, Arbeitszeiten, Verdienste

Werbung
Werbung im Supermarkt, Werbezettel im Briefkasten, Anzeigen, Kosten?

Lagerung
Wann und wo wird angeliefert? Wo und wie wird gelagert? Was wird bei Frischwaren gemacht?

Fleischabteilung
Wie wird das Fleisch frisch gehalten? Wie wird es abgepackt?

Planen, Fragen formulieren: Jede Tischgruppe übernimmt für den nächsten Erkundungsgang ein „Spezialthema“ und bereitet sich durch Fragen darauf vor. Hilfreich sind die Stichwörter und Fragen des Protokolls. Die Gruppe muß auch vereinbaren, wie die Fragen gestellt und die Ergebnisse fixiert werden sollen.

Arbeitsblatt, das eine Gruppe ausgefüllt hat

Wir erkunden den Supermarkt SUPER 2000

Unsere Gruppe	Iris, Alexandra, Britta, Michael
Unser Spezialthema:	die Fleischabteilung

Das wollen wir beobachten:
Welche Fleischartikel werden angeboten?
Was wird besonders gekühlt?
Was geschieht in dem Raum hinter der Fleischtheke?

Das wollen wir fragen:
Wie viele Mitarbeiter sind in der Fleischabteilung?
Welche Aufgaben haben die Mitarbeiter?
Von wann bis wann müssen sie arbeiten?
Was mußten sie vorher lernen?
Hat sich schon mal jemand beim Schneiden oder Hacken verletzt?
Wann wird das frische Fleisch angeliefert?
Wie lange hält sich das Fleisch frisch?
Was geschieht mit dem Fleisch, wenn es nicht mehr frisch ist?

So wollen wir arbeiten:

Notizenschreiber:	Alexandra
Frager:	Iris, Michael
Beobachter:	alle
Kassettenrecorder mit Mikrofon:	von Michael

Rechtschreiben lernen: Rechtschreiben lehren ist ein durchgängiges Prinzip und wird bei allen Schreibsituationen des Unterrichts beachtet (klare Schriften an der Tafel, auf der Folie, auf Arbeitsblättern, Selbst- und Fremdkorrektur, Texte für Leser — also normgerechte Schreibung: Folie /Wandzeitung). Daneben werden Wörter aus dem Grundwortschatz besonders geübt.

Beispiel: rechtschreibliche Merkwörter, individueller Wortschatz

Merkwörter R3/14 Supermarkt Lebensmittel Schreibwaren Getränke Gemüse Gewürze lecker eine Gemüsesuppe eine Nudelsuppe eine leckere Suppe	*Selbstdiktat* R3/14 Schreibe nur Wörter, die Du richtig schreiben kannst! Schreibe auf: * alle Lebensmittel * alle Getränke * alle Gemüse * alles, was lecker ist

Beispiel: tägliches Kurzdiktat (je Tag ein Satz)

R3/14 *Unser Supermarkt* Wir waren im Supermarkt und haben ihn erkundet. Es gibt dort alle Lebensmittel, Schreibwaren und Getränke. bitte wenden!	R3/14 Die frischen Waren werden jeden Tag gebracht. Wir kauften Gemüse und Gewürze. In der Schule kochten wir eine leckere Gemüsesuppe,

Beispiel: Üben mit der Rechtschreibkartei

Die oben angegebenen Merkwörter und Texte werden auf DIN A-6-Karten geschrieben. Sie können dann Zeile für Zeile durch eine Hülle mit Fenster geschoben werden.

Regeln für Selbstdiktate: erste Zeile ins Fenster schieben — einprägen — wenden — aufschreiben — kontrollieren usw.

(Die Karten werden in Karteikästen in der Klasse gesammelt und sind Grundlage für vielfältige Rechtschreibübungen. Das Kürzel R3/14 in der Ecke der Karten bedeutet: Rechtschreiben Klasse 3, Übungseinheit 14.)

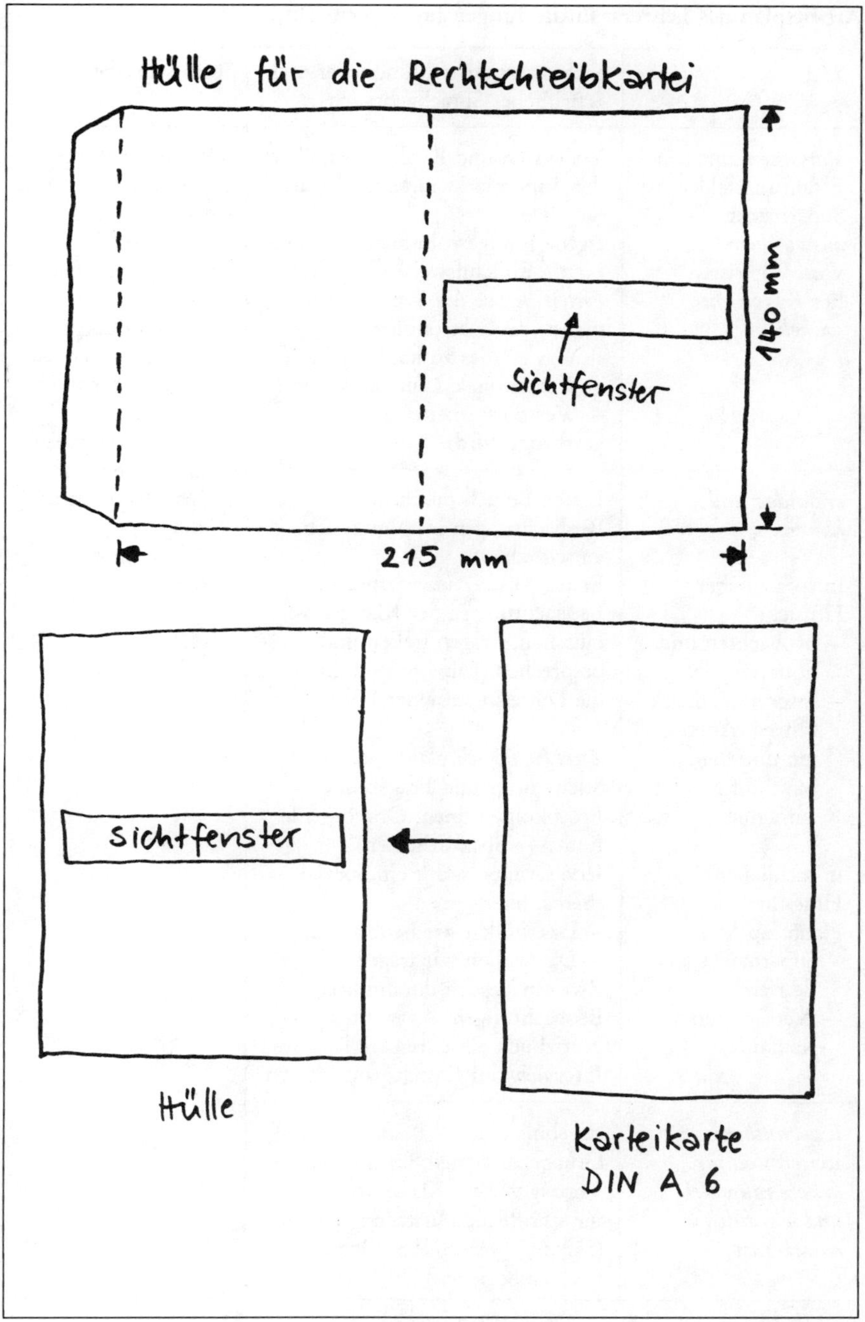
Hülle für die Rechtschreibkartei
140 mm
Sichtfenster
215 mm
Sichtfenster
Hülle
Karteikarte
DIN A 6

Arbeitsplan des Lehrers: Erkundungen im Supermarkt

Ziele	Sachunterricht / Mündlicher und Schriflicher Sprachgebrauch	Rechtschreiben
Vorwissen zum Erfahrungsfeld: Supermarkt *austauschen* vom Vorwissen her *Fragen entwickeln*	Vorwissen und Erfahrungen über den Supermarkt miteinander austauschen: eigene Kaufgewohnheiten / Angebote / Einkaufsweise / Werbung *Ersten Besuch* des Supermarktes planen, Gesichtspunkte: — Was es alles zu kaufen gibt. — Warum viele Leute einkaufen. — Wer dort arbeitet, und was gearbeitet wird.	Wortmaterial mit Begriffen häufig gekaufter Waren zusammenstellen, Oberbegriffe finden, üben: 1. Verwendung bei Beschriftungen usw. 2. tägliches Kurzdiktat zum Thema 3. verschiedene weitere Übungsformen: Grundwortschatzwörter Selbstdiktate Kontrolle
erkunden und klären: in sprachlicher Hinsicht — beobachten und notieren — Interviews durchführen, Antworten notieren, bzw. auf Kassette aufnehmen in sachlicher Hinsicht: Hauptaspekte: — Supermarkt als Betrieb — Werbung und Kaufanreize	Ersten Besuch durchführen, Beobachtungen im Notizbuch aufschreiben Erstes Auswertungsgespräch: Beobachtung in der Klasse austauschen, Fragen stellen und besprechen (dabei protokolliert die Lehrerin auf einer Folie) *Zweiten Besuch* planen, dazu: Stichwörter und Fragen des Protokolls ordnen, Oberbegriffe finden (=Spezialthemen). Jede Gruppe wählt ein Spezialthema, überlegt: — Das wollen wir beobachten. — Das wollen wir fragen. Zweiten Besuch durchführen: Beobachtungen, Antworten im Notizbuch aufschreiben, längeres Interview auf Kassette aufnehmen	
Ergebnisse auswerten und für andere mündlich und schriftlich ausarbeiten	Ergebnisse des 2. Besuchs in der Gruppe auswerten, für mündlichen Vortrag vor der Klasse aufbereiten, für schriftliche Darstellung gestalten (Skizzen, Preisschilder, Quittungen usw. einbeziehen)	

4. „Der Friedensbaum" — Situationsfeld zum Thema: Frieden

„Frieden" ist eine der zentralen Problemstellungen der Menschheit; Friedenserziehung eine der pädagogischen Kernaufgaben. Der Sprachunterricht muß hierzu im Verbund mit dem Sachunterricht wesentlich beitragen:

- Die Alltagserfahrungen der Kinder in unfriedlichen und friedenbestimmten Situationen werden ausgesprochen, miteinander verglichen, und bedacht (was macht eine Situation unfriedlich, was friedlich?).
- Wege zu friedenbestimmten Situationen werden entworfen, ausprobiert und reflektiert.
- Situationen und Gegebenheiten außerhalb der unmittelbaren Erfahrung der Kinder, soweit sie z.B. durch die Medien Teil der vermittelten Wirklichkeit sind (z.B. Krieg), werden aufgegriffen, besprochen und — soweit möglich — geklärt.
- Die Kinder erkennen, daß sich viele Menschen auch mit Erfolg um die Überwindung und Verhinderung von Streit und Krieg bemühen.

Die Vergegenwärtigung von Situationen und Handlungen, das Nachdenken über sie, das Entwerfen und Erproben von Handlungen und Handlungsvarianten — dies alles sind auch wichtige Gelegenheiten, um mündlichen Sprachgebrauch zu üben und die individuellen und die gemeinsamen Möglichkeiten zu erweitern, um Sprache und Sprachgebrauch in Lebenssituationen zu untersuchen und dabei das Sprechen über Sprachverwendung zu lernen und zu üben (Metakommunikation).

Texte und Medienerfahrungen (z.B. Thema: Krieg) werden einbezogen; die Kinder schreiben selber Texte mit eigenen und mit wünschenswerten Erfahrungen, vereinbaren möglicherweise soziale Regeln zum Miteinander in der Klasse. Dadurch werden alle Bereiche des Sprachunterrichts einbezogen.

Weil hierbei Sprache als soziales Handeln Unterrichtsmedium und Unterrichtsgegenstand ist, integrieren sich Deutsch- und Sachunterricht.

Im Sinne der Friedenserziehung sind diese Bemühungen nur dann erfolgreich, wenn sie das Handeln der Kinder zumindest ansatzweise verändern. Deshalb muß der Unterricht projektartige Züge haben.

Ausgangspunkt könnte ein aktueller Streit in der Klasse /auf dem Schulhof oder auch eine entsprechende Geschichte sein.

Der Friedensbaum: Leitmotiv der Unterrichtseinheit mag der „Friedensbaum" sein. Er wird auf ein großes Packpapier-Plakat gemalt, hat in seiner Krone große grüne Blätter, auf dem Boden liegen abgeworfene braune Blätter. Das Plakat wird an die Klassenwand gehängt.

Die Kinder schreiben alles auf, was ihnen zum Wort Frieden einfällt, dann alles, was Frieden verhindert oder zerstört. In Zeitungen und Zeitschriften werden Fotos oder Überschriften gesucht, die den Oberbegriffen: Frieden oder Unfrieden zuzuordnen sind. Die Stichwörter /Fotos — Überschriften werden in der Klasse besprochen. Sie werden dann in den Friedensbaum eingetragen, bzw. eingeklebt. Im weiteren Verlauf des Unterrichts werden die Eintragungen ergänzt.

Streit - Ketten: Die Erzählung von Heinrich Hannover „Herr Böse und Herr Streit“ findet sich in vielen Lehrwerken (zuerst erschienen in: G. Loschütz (Hg.): Das Einhorn sagt zum Zweihorn. Köln: Middelhauve 1974).

Herr Böse und Herr Streit geraten in Streit um die Äpfel eines Apfelbaumes, der auf der Grenze beider Gärten steht. Dabei vermeiden sie ein Gespräch. Vielmehr steigern sie ihre Bosheiten ohne Rücksicht auf Sinn und Vernunft. Die Kinder erkennen an Hand dieser Erzählung die Kette der Eskalation und verdeutlichen sie in einem Tafelbild:

Herr Böse	*Herr Streit*
pflückte im Oktober die reifen Äpfel →	
	pflückte die Äpfel im September, als sie noch unreif waren
← pflückte die Äpfel im August, als sie noch grün und hart waren →	
	pflückte die Äpfel im Juli, als sie . . .

Die Kinder überlegen, an welcher Stelle die beiden Männer die Kette hätten abbrechen können (wie? mit welchem Erfolg? an welcher Stelle am besten?). Sie decken solche „Streit-Ketten“ auch bei selbst erlebten Situationen auf.

In jedem Lesebuch finden sich Texte, die mit den bisher erarbeiteten Leit-Begriffen untersucht werden können: Frieden oder Unfrieden, Streitketten. Die Texte können gesucht und untersucht werden im Klassenunterricht, aber auch in Gruppen- oder Partnerarbeit.

Unterschiedliche Meinungen werden erörtert, Streit und Lösungsversuche in Rollenspielen erprobt und in Gesprächen beurteilt.

Die hierbei gewonnenen Beispiele werden in den Friedensbaum eingetragen.

Möglicherweise stellt die Klasse ein eigenes Lesebuch mit den gefundenen Texten (Kopien mit eigenen Illustrationen) zusammen, vielleicht ergänzen die Kinder die gefundenen Texte durch eigene Geschichten.

Dann hilf mir doch!: Situationen, in denen Menschen sich gegenseitig helfen, sind Friedenserfahrungen im privaten Bereich. Ein Folienbild wie das folgende kann den Einstieg in einen Erfahrungsaustausch bieten.

Die Kinder der Klasse können Verträge schließen:

- So helfen wir uns, z.B.: rechtschreibstarke Kinder helfen rechtschreibschwachen Kindern: Wie ein Text geübt wird. Wie ein Text diktiert wird. Oder andere Aufgaben: Lesen, Mathematik, Aufschreiben, sprachliche Hilfen für ausländische Kinder.
- So helfen wir anderen: Ältere Schulkinder helfen Schulanfängern auf dem Schulhof bei der Eingewöhnung, Patenschaften . . .

Krieg und Frieden: Krieg als eine Form des Streits zwischen Ländern (Nationen) ist ein notwendiger Unterrichtsaspekt schon in der Grundschule, weil er durch die Medien auch für Kinder ständig präsent ist. Heikel ist das Thema insofern, als es das Gefühl von Hilflosigkeit und Lebensangst erzeugen und verstärken kann, ohne daß die Kinder selbst schon aufgeklärte Hoffnung entgegensetzen können. Zudem überfordern kausale Zusammenhänge in der Regel die Verständnismöglichkeiten der Grundschüler. Eine wichtige Hilfe kann z.B. ein Sachtext von Ursula Wölfel zum Thema Krieg leisten (zuerst erschienen in: Sechzehn Warum — Geschichten von den Menschen, Düsseldorf: Hoch Verlag 1971).

In diesem Sachtext wird kindgemäß dargestellt:

- Warum Kriege entstehen können (Landnahme, Durchsetzung von Meinungen und Religionen, Rache, Angst).
- Warum Menschen im Krieg so grausam gegen andere sein können (Freund-Feind - Schema).
- Welche Folgen Krieg für die Menschen hat (Tod, Zerstörung, Armut, Flucht).
- Welche Waffen erfunden wurden (hier besonders Atombombe).
- Wie Krieg verhindert werden kann (Abrüstung, Gespräche, weltweite Gerechtigkeit, Solidarität).

Damit bietet der Sachtext die Orientierungshilfe, nach der Bilder und Texte aus den Massenmedien zugeordnet und besprochen werden können:

- Wo findet ein Krieg statt?
- Warum gibt es ihn?
- Was bedeutet der Krieg für die Menschen?
- Wo bemühen sich Menschen um den Frieden?
- Was tun sie?

Friedensspiel: Die Kinder fertigen in Gruppen einen Spielplan mit Start und Ziel, dazwischen mit numerierten Feldern an. Neben einige Felder zeichnen sie Piktogramme, wie sie auf dieser Seite abgebildet sind. Einige Felder werden rot, andere grün ausgemalt. Die Kinder schneiden grüne und rote Karten (DIN A 6 oder 7). Auf die grünen Karten kleben oder malen sie Bilder, auf denen etwas zum Thema Frieden zu sehen ist (friedensbestimmte Handlungen und Situationen). Die roten Karten bleiben leer.

Besondere Spielfelder:

grüne Felder Bei einem grünen Feld muß eine grüne Karte genommen werden. Die grünen Karten sind mit Bildern aus Zeitungen/Zeitschriften beklebt, auf denen etwas zum Thema: Frieden zu sehen ist (friedenbestimmte Situation).
Aufgabe: Das Bild beschreiben.

rote Felder Bei einem roten Feld muß eine leere rote Karte genommen werden.

Piktogramme Aufgabe: sagen, wann man einmal Streit hatte, oder eine unfriedliche Situation beschreiben,
Notiz auf einer roten Karte.

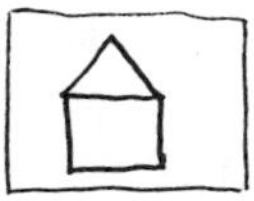

Dieses Zeichen bedeutet: ein friedliches Haus.
Aufgabe: grüne Karte ziehen. Sie erlöst von der Aufgabe, eine rote Karte beschriften oder ziehen zu müssen. Nach der Erlösung muß die Karte zurückgegeben werden.

Dieses Zeichen bedeutet: Streit.
Aufgabe: eine beschriebene rote Karte ziehen und (mit den anderen) eine Lösung des Streits suchen.

Dieses Zeichen bedeutet: Friedenstaube.
Aufgabe: ein Wort finden, das Frieden ausdrückt, und auf ein Plakat schreiben.

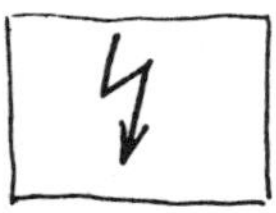

Dieses Zeichen bedeutet: Unfrieden.
Aufgabe: ein Wort finden, das Unfrieden ausdrückt, und auf ein anderes Plakat schreiben.

Dieses Friedenspiel wird mit den Kindern erprobt, nach den Erfahrungen in bezug auf grafische Form und Aufgaben verbessert. Dann werden die Spielregeln formuliert und von Kindern der Nachbarklasse ausprobiert. Die endgültige Fassung wird dann mit den Eltern, mit anderen Klassen gespielt, an eine Korrespondenzklasse verschickt.

Friedenstag — Friedenswoche — Friedensfest: Jeder Tag einer Woche wird zum Friedenstag erklärt: Frieden mit meinen Nachbarn, in der Schule, zu Hause, mit anderen Menschen. Dazu werden jeweils Text- und Bildbeispiele ausgewählt. Die Ergebnisse werden in Form einer Friedenszeitung täglich festgehalten und dokumentiert.

Zum (abschließenden) Friedensfest werden andere Klassen oder die Eltern eingeladen. Jeder Gast erhält ein Willkommensgeschenk (z.B. gebastelte Friedenstaube). In der Klasse gibt es verschiedene Informationsstände, z.B. Foto- oder Bildersammlung: Frieden und Unfrieden bei uns, Kinder im Krieg; Ausstellung: Aktion Kriegsspielzeug, Friedensdörfer, Hilfsaktionen.

Szenen mit Rollenspielen aus dem Unterricht werden vorgespielt, ein Text wie der schon erwähnte „Herr Böse und Herr Streit" werden als Bilderfolge z.B. auf dem Projektor vorgeführt. Die Kinder berichten über die Friedenstage. Zum Schluß nimmt jeder etwas mit, z.B. selbstgestaltete Postkarten mit Friedensmotiven.

Arbeitsplan des Lehrers: Thema Frieden

Ziele	mündlicher Sprachgebrauch
Unfrieden und Frieden in alltäglichen Situationen und Handlungen erkennen und Wege zu friedenbestimmten Situationen ermitteln	Alltagssituationen erzählen, miteinander verglei-chen, beurteilen (leitende Gesichtspunkte: Unfrie-den und Frieden, Handlungen, die andere verletze und die helfen, die andere herabsetzen und die sie achten, Streit-Ketten) Situationen spielen, Handlungsvarianten entwerfer im Spiel erproben, im Gespräch beurteilen
Kriegsereignisse und Friedensbemühungen, die den Kindern aus den Medien bekannt sind, aufgreifen und je nach Verständnismöglichkeit der Kinder klären und ordnen	
Projekt zum Thema durchführen, z.B. – Friedensspiel – Friedenswoche – Friedensfest	(je nach Projekt unterschiedliche Ziele, aber imm sowie Integration mit dem Sachunterricht)

riftlicher Sprachgebrauch	Umgang mit Texten
rtfelder und Wortsammlungen zu den erbegriffen Unfrieden — Frieden (ver- end-hilfreich . . .) zusammenstellen; erbegriffe finden und aufschreiben schichten / Dialoge aufschreiben träge schriftlich fassen z.B. zur Partner- e, zu Klassenregeln . . .	Texte in Lesebüchern/Kinderbüchern suchen, die zum Thema passen die gefundenen Texte so besprechen, wie die Alltagssituationen Lesebuch mit den gefundenen und mit eigenen Texten zusammenstellen
	Fernseherfahrungen, Bilder und Texte aus Zeitungen/Zeitschriften sammeln und zusammenstellen Sachtext über Krieg und Friedensbemühungen (Ursula Wölfel) lesen und als Orientierung über das Problemfeld nutzen andere Texte suchen und besprechen, in denen vor allem die persönliche Betroffenheit der Menschen im Krieg erfahrbar wird (z.B. Ursula Wölfel: Teezeit aus: Die grauen und die grünen Felder. Modautal-Neunkirchen: Anrich 1970; Gudrun Pausewang: Friedensgeschichten. Ravensburg: Otto Maier 1985)
ammenspiel aller Bereiche des Sprachunterrichts,	

Literaturempfehlungen:

Zeitschrift Grundschule Themenheft: Friedenserziehung Heft 11/1985 Westermann-Verlag

Sonderheft der Zeitschrift Praxis Deutsch 1983: Frieden — Anregungen für den Ernstfall. Seelze: Friedrich Verlag,

Der Friedensbaum. Texte über Unfrieden und Frieden. Reihe: Lesehefte für die Grundschule und Unterrichtsanregungen, zusammengestellt von M. Peisker. Stuttgart: Klett 1984